人生正能量

晓　山◎著

党建读物出版社

图书在版编目(CIP)数据

人生正能量 / 晓山著. —北京 : 党建读物出版社, 2015.5 (2018.4 重印)

ISBN 978-7-5099-0613-2

Ⅰ.①人… Ⅱ.①晓… Ⅲ.①领导干部—修养—中国—文集 Ⅳ.①D630.3-53

中国版本图书馆 CIP 数据核字(2015)第 083268 号

人生正能量

RENSHENG ZHENGNENGLIANG

晓山 著

责任编辑:郝英明

责任校对:郭涛

封面设计:林胜利

出版发行:党建读物出版社

地　　址:北京市西城区西长安街 80 号南楼 (邮编:100815)

网　　址:http://www.djcb71.com

电　　话:010-58587132/7166

经　　销:新华书店

印　　刷:北京盛通印刷股份有限公司

2015 年 5 月第 1 版　2018 年 4 月第 3 次印刷

710 毫米×1000 毫米　16 开本　18.25 印张　192 千字

ISBN 978-7-5099-0613-2　定价:48.00 元

目　录 MULU

做人篇

做事篇

做人篇

不管是谁，倘若要把握好人生的航船，就必须学会做人。做人要有健康的人情味，要公道正派，言而有信，经得起金钱和权力的考验……

由“人无完人”所引起的思索

一般说来，凡世人皆有若干“怕”：怕死、怕穷、怕批评、怕处罚，等等。但现实生活里也有人怕归怕，却存侥幸之心。为个人之私利，触犯“规矩”，大家称之为：明知故犯。比如，尽管上面三令五申强调不正之风不能搞，并告诫：“手莫伸，伸手必被捉。”却偏有人还要搞。一经查出，又常常以“人无完人”来作托词。当犯了错误的人受到应有惩处时，亲朋好友也以“金无足赤，人无完人”为由，设法为之辩护和说情；有的人还甚至振振有词地说：“不是讲改革允许犯错误吗？何必那么认真。”这真可谓一大怪现象。

古人是说过：“水至清，则无鱼；人至察，则无徒。”我们看待人和事，当然应用辩证的观点，那就是：任何事物均有其不完美之处，所有的人也都有其不足的地方，讲究“十全十美”与求全责备显然是不可取的。尤其是当今正处改革年代，而改革又具有复杂性和曲折性，跌跌撞撞的事常有，挫折和失误也在所难免。主张允许改革犯错误，其本义在于鼓励改革者勇于实践，积极探索，出了问题，认真吸取教训，切实做到引以为鉴。但这些并不意味着可以用“人无完人”的借口原谅，袒护自己的缺点，任其存在和发展，更不是说改革中允许违犯党纪国法所明令禁止的错误，可以去闯“红灯”！

以“人无完人”与“改革允许犯错误”作为挡箭牌，企图逃避惩处的想法，于国有害、于己无益，此念头应消矣！孟子曰：“我善养吾浩然之气。”作为党的干部更应立身正直，作风正派，不断改造自己，努力完善自身，消除私心杂念，做好“公仆”应做的事情。心存侥幸，蒙混过关，以任何借口为自己或他人开脱错误或罪行，必将事与愿违！

“王翱不私婿”的感慨

据《续说郛·高德录》载，王翱做吏部尚书时，他有一个女儿嫁给了京城附近的一个官员。王翱的夫人非常疼爱这个女儿，经常接女儿回家来住，可每次去接女儿时，女婿总是不肯，还十分不满地对自己的妻子说：“你父亲掌管人事大权，如将我调往京城任职，你就可以天天侍奉母亲了。况且，你父亲调动我还不像吹起一片落叶一样容易吗？可他总是不肯，不知为什么？”他的妻子就把话传给了母亲。其母就在某天晚上摆了家宴，趁酒酣之时，央求王翱把女婿调来京城。王翱听后大怒，拿起饭桌上的碗打伤了夫人，扭头出门，驾车到自己的官府去住了，过了10天才回家。始终没有把女婿调往京城。

读罢这则故事，令人感慨不已。谁都知晓，在封建社会，“夫荣妻贵”“父荣子贵”“一人得道，鸡犬升天”乃是普遍现象。作为一个权倾一时的吏部尚书，把自己的女婿就近调来京城，这不是轻而易举的一桩事吗？但王翱不愿这样做。这难道说王翱没有人情味吗？人非草木，孰能无情？王翱是忠臣，恐怕是出于维护封建王朝的最高利益吧。

按理说，我们共产党的领导干部，是人民的公仆，和封建社会的官老爷有着本质的区别。手中所掌握的权力，应视为一种责任和担子。因而，共产党人的人情观，要讲的应该是劳动大众的人情。我们从毛泽东拒绝妻舅杨开智谋职，从焦裕禄不让妻子儿女烤火而把柴草送到灾民家中的事例上，可以看到共产党人“为人民谋幸福”的本质属性。当今那些利用职权在子女的就业、提干、安排工作等问题上搞不正之风的“公仆”，面对这些事例，是不是应当调整一下自身的“人情观”呢?!

且读《禁止馈送檄》

据《说苑·君道篇》记载，清初有个江苏巡抚张伯行，曾写过一篇《禁止馈送檄》，文中说："一丝一粒，我之名节；一厘一毫，民之脂膏。宽一分，民受赐不止一分；取一文，我为人不值一文。谁云交际之常，廉耻实伤；倘非不义之财，此物何来?"全文简洁，琅琅上口，便于记诵流传，思想意境尤佳。康熙皇帝下江南时感于他的清廉，封他为"天下第一清官"。

作为一位生活在封建社会的"高级官员"，敢于发出这一主题鲜明突出的檄文，并能身体力行，实属难能可贵。当然，像张伯行那样的"清官"在封建社会里，只是凤毛麟角。我们党的干部是为人民服务的，廉洁清明是党的性质和宗旨所决定的，大多数干部能够严格要求自己，不贪不占，廉洁奉公，深受群众称赞和拥护。但不可否认，如今也有那么一些人，置"宗旨""党纪"于不顾，满眼金钱，一身铜臭，为了捞钱，什么违法乱纪的事都干；凭自己岗位的职能卡服务对象的脖子，经手三分肥，把权力当成谋私的资本，前门不如后门，介绍信不如熟人，收礼，受贿，说情，批条，"大道"的事情也通过"小道"去办，甚至不给好处不办事。鉴于此，笔者提议，大家真有必要认真读读张伯行的56字檄文，并自觉对照一下，也许会悟出一些事理来。

话嫉妒

嫉贤妒能，实是横亘于人才成长道路上的一大障碍。为发现、培养和使用好人才，促使改革顺利进行，很有必要对陈腐的嫉妒恶习加以剖析，堵塞其生发、作祟之道。

大凡“嫉妒病”患者，多是利欲熏心、目光短浅、自命不凡、不求上进的人。平日里，他那双眼睛专盯在别人的事业进步与成功上，见别人德才兼备，技艺高超，身负重任，便油生不适之感；甚至见别人家庭幸福，长相漂亮，也另有一番滋味在心头。于是乎，他摇唇鼓舌，专道别人的短处，挖苦、讽刺，进而秽语伤人，乃至诽谤、打击。说穿来，如此嫉妒他人，无非是妄图贬低对方，以达到抬高自己“非我莫属”之目的。

其实，稍有修养的人便知，那缺德的“嫉妒病”，原想害人，结果却是害了病患者自己。在历史上，这样的例子是举不胜举的。战国时，庞涓嫉妒同学孙膑，不惜制造阴谋，使孙膑遭受酷刑；但后来，这位妒才者还是在马陵之战暴露劣迹，被孙膑打得落花流水，自取灭亡了。《三国演义》中，周瑜嫉妒诸葛亮的杰出才能，伎俩使尽，欲图加害，反落得个自身活活气死的结局。

诚然，人言可畏。有时候，“嫉妒病”患者的流言蜚语，就有得逞之机，这与听者的思想水平是不无关系的。但正直的强者，是专心致志地走自己的路的，让嫉妒者说去吧，何愁大器不成！

写到这里，感到有两点还得言及。一是领导干部应辨清是非，不偏听偏信，不根据片言只语而疏远和排斥有才有识之士，使嫉贤妒能者成不了气候。二是对于患有“嫉妒病”的人，既要严肃批评教育，又要用道德舆论和榜样的力量去感染，使他们明白：做人不可嫉妒，以能者为师，取长补短，方能求得进步，此乃人生之基本德行也！

从唐太宗虚心纳谏说起

唐太宗李世民当政二十三年，使得唐王朝的政治、经济、文化诸方面有很大的进展，出现了历史上有名的“贞观之治”。这与他“善于纳谏”很有关系。李世民登上皇帝宝座后，便下决心把国家治理好，第一个措施就是广开言路、鼓励批评。有一次，一个叫元律师的人犯了罪，李世民要杀他，谏议大夫孙伏伽以为按照法律，不应当判以死刑，李世民立即接受了孙伏伽的意见，并赐给他一座价值百万的花园。由于李世民的提倡和鼓励，群臣知无不言、言无不尽、踊跃上书言事。特别是谏议大夫魏征向唐太宗陈谏二百余事，提出“兼听则明、偏信则暗”“水能载舟、亦能覆舟”“居安思危、戒奢以俭”“减赋敛、轻租税”等精辟的意见，都能为李世民所接受。魏征死后，唐太宗十分惋惜地对侍臣说：“夫以铜为镜，可以正衣冠；以古为镜，可以见兴替；以人为镜，可以知得失。魏征没，朕亡一镜矣！”此语足以看出李世民纳谏的诚心实意。

我感到，任何一个人要想在事业上有所建树，必须具有谦虚谨慎、勇于接受别人批评的品质。“力拔山兮气盖世”的西楚霸王项羽，骄傲自大、自以为是，容不下韩信，却最终被韩信所围，别姬自刎。类似这样的例子无须多举。革命家陈毅说得好：

“吁嗟呼，九牛一毫莫自亏，骄傲自满必翻车，历览古今多少事，成由谦逊败由奢。”我们共产党人应汲取古人的长处，继承和发扬我们党谦虚谨慎、戒骄戒躁、艰苦奋斗、开展批评和自我批评的优良传统和作风，努力废除“老子天下第一”、骄傲自满、吹牛拍马、阿谀奉承、无原则地歌功颂德的不良习气，以实事求是的态度去开创伟大的社会主义新生活！

且说“评头论足”

谈及“评头论足”，有的人免不了会皱起眉头。因为，人们习惯于由此联想到“说长道短”“多方挑剔”，似乎对人及事均不利。

其实恰恰相反。凡有修养的人，则往往喜欢别人对自己的所作所为评头论足。唐太宗提出“以人为镜”，便出现了言路畅通、人才济济、经济繁荣的景象。东晋著名学者、雕刻家戴逵雕刻了一座五米高的寿佛木像，身姿魁梧，颇有气势，但他仍不满足，于是便在木像两侧挂起锦罗帐，大开庙门，供人参观，自己却躲在帐里偷偷地听取观众评头论足。三年过后，他采纳了数不清的高见，对佛像进行了一次又一次的修改，使佛像成为有口皆碑的艺术珍品。在古今中外的名人逸事中，这样谦虚求师、注重听取别人意见的例子不胜枚举。

应该承认，宇宙万物，千姿百态，莫不各有所长，各有所短。“金无足赤，人无完人”，任何一个人有所长有所短，关键是深于知己，善于知人，取长补短。尤其是领导干部要使工作开拓前进，就应具有这种修养，虚心听取群众的批评意见，欢迎大家评头论足。因为，“批评，这是正常的血液循环，没有它就不免有停滞和生病的现象”。可是，有少数领导干部却极力反对群众对自己评头论足，听到批评意见便暴跳如雷，甚至打击报复。这种听不得不同意见、堵塞言路的做法，对自己的进步和事业的发展都是有害无益的。

当然，评头论足也要考虑方式、方法，应该尊重事实，并与人为善，从团结同志的愿望出发，以理服人，使人心悦诚服。而作为领导者，也应正确对待那些不符合实际的指责，努力做到像达·芬奇说的那样：“应当耐心听取他人的意见，认真考虑指责你的人是否有理。如果他有理，你就修正自己的错误，如果他理亏，只当没听见。”

“知足”与“不知足”

许多人从小就接受过“知足不知辱，知止不殆”“知足则乐，务贪必忧”之类的古训。显然，“知足者常乐”早已成为一种传统的思想观念。应该说，这一观念在一定范围内，对损人利己、贪得无厌的思想进行了否定和贬责，具有一定的积极因素。我认为，在当前，这种思想观念仍有借鉴价值。正确理解它，能帮助人们正确对待个人得失，处理好客观可能和满足需求的关系，从而增强自知之明，不离开自己的德才和工作实绩去争职务、争待遇，避免自寻的烦恼和苦闷。

然而，“知足”的思想观念从另一个角度来看，也存在一定的局限性，倘若不分情由过分倡导这一观念，则易导致人们满足现状，不思进取。比如，对待祖国振兴大业，要是人人都抱“知足”思想，那就根本谈不上创新和改革。可以想象，如果大家均为“阿混”，饱食终日，无所用心，整个民族也就缺乏朝气，必然出现危机。特别是在学习上，更需“不知足”。《列子》中记载的薛谭学歌的故事，早为人们所熟知。薛谭为了学唱歌，拜当时著名歌手秦青为师。过了不久，薛谭以为将老师的技艺全部学到了手，便辞师而归。秦青见薛谭执意要走，也没有再三挽留，而是在村口路旁设宴为他送行。席间，秦青“抚节悲歌”，以抒离别之情，这歌声激越豪放，"声振林木，响遏行云"。薛谭听后为之一震，猛然意识到自己远没有学到老师的本领，立即放弃了回家的念头，要求继续留在老师身边学习，"终身不敢言归"。后来，他终于成为一名和秦青齐名的歌手。如果薛谭坚持"知足"观念，可以肯定，到头来，他在事业上只能浅尝辄止，无所建树。

由此，我感到一个真正有事业心、有作为、有修养的人，在荣誉、待遇面前应多有一点"知足"思想才好；而对党和人民的事业，对学习，则应该永远"不知足"地去拼搏，去更上一层楼才对。我们理当记住："尚未实现的目标，要比已经达到的渺小目的更珍贵。"

仕而不学则忧

长期以来，只要一提及“学而优则仕”，人们便会习惯于把它与“读书做官”视为一谈，大有不屑一顾之气势。近日阅读《论语》，对此却另有感触。

《论语》卷十九上记载：“子夏曰：‘仕而优则学，学而优则仕’。”很显然，其原意是讲：一个称职的官员，须抓紧时间刻苦学习；只有掌握必要的文化知识、品德高尚的人，才可以做官。当然，其中所指的“学”，只是学“圣人之书”“先王遗教”；其中所指的“仕”，乃是封建统治阶级的政治地位，局限性颇大。但这与“仕而优则学，学而优则仕”之本义恐怕并无多大关联。笔者感到，我们今天有必要全面、辩证地理解这一古训。

在现实生活中，我们有的干部常以工作忙为借口，不愿学习。有的长期被“事务”所困扰，“忙”得不可开交，连看文件的时间都没有，更谈不上读书看报了。众所皆知，读书学习对于加强修养、提高思想理论素质和实际工作水平是至关重要的。倘若我们的干部特别是领导干部不抓紧理论学习，只是忙于日常事务性工作，那必将丧失一个领导干部应起的政治领导作用，难以真正胜任自己所担负的工作。

仕而不学则忧！

“口惠而实不至”者戒

我近来时常想起《社会主义好》这首歌的歌词，其中“说得到、做得到，全心全意为人民立功劳”几句更使人倍感亲切，这是人民对我们党的褒奖和期望。口言善，身行善，言必信，行必果，是我们共产党人的光荣传统，也是我们党受到人民爱戴、拥护的原因之一。但而今，不能否认，有一些干部丢掉了这一光荣传统，“口惠而实不至”。有的人口言的是“全心全意为人民服务”，身行的是“完全”“彻底”为自己打算盘；口言的是“毫不利己、专门利人”，身行的是一切为己，决不顾人；口言的是反贪倡廉，顾全大局，身行的是假公济私、误国误民；口言的是令行禁止，坚决纠正一切不正之风，身行的是上有政策、下有对策，我行我素，照搞不误……如此“口惠而实不至”、言行相悖的干部，岂能服众？难怪出现“台上他讲，台下讲他”的现象。

为人、为官，均须光明正大、高尚正直、严于律己。“口惠而实不至”者戒。

提倡“谦让精神”

读史偶得两则故事，颇受启迪。一则是说，唐末杨玢任尚书时，他在故乡的旧屋地产，有些被邻居侵占了。于是他的家人们要去告状打官司，把拟好的起诉书送给他读。杨玢看了，便在后面批道：“四邻侵我我从伊，毕竟须思未有时。试上含元殿基望，秋风秋草正离离。”他的家人看后就不去告状了。第二则故事，和杨玢的类似，清朝康熙年间文华殿大学士兼礼部尚书张英（清代名臣张廷玉的父亲）的桐城老家修建府第时，邻居与他家争三尺地，官司打到县衙里，张家总管立刻把这件事写信到京城报告张英，希望他写封信给县令关照一下。张英看后，在原信上批了一首诗寄回来。这首诗说：“一纸书来只为墙，让他三尺又何妨。长城万里今犹在，谁见当年秦始皇。”张家的总管于是立即吩咐让了三尺地，对方见后也让出三尺地来，于是留下了六尺空地，成为人人都能通行的一条巷道，这条巷子从此名为“六尺巷”。

这两个人能有这样的修养实在是很难得的。人，都是现实生活中的人，不可避免地要与人为邻，左右邻居，平日在一块生活，难免会遇上一些磕磕碰碰的事情。如何相处，大有学问。倘若斤斤计较，以牙还牙，甚至见面如仇人，必将造成各自心情不畅、不安定因素的滋长。俗话说：“远亲不如近邻。”每个人都应学学这两位古人互相谦让的精神，做到严以责己、宽以待人，互相谦让、互相帮助，才能创造出一个良好的生活环境和居住环境，这样做于个人、于家庭、于国家都有益处。

己不正焉能正人

据《明史》记载，朱元璋委派监察御史周观政负责看守奉天大门（专供皇帝进出，一般人不得通行）。一天，朱元璋忽然想听听音乐，便叫中使去找一些女乐人到宫里来解解闷。当这些女乐人来到奉天门时，却被周观政拦在门口。他认为既然是宫中明确规定的制度，任何人都不得违背。中使无法，只好一人进宫去禀告朱元璋。朱元璋亲自走出来，对周观政说："宫中音乐废缺，欲使内家肄习耳。"并表示："朕已悔之，御史言是也。"由于周观政刚直不阿，秉公办事，此后他深得朱元璋的信任，后来被提拔为江西按察使。

"己不正焉能正人。"这句古话用来说明领导干部在端正党风中要起模范带头作用，无疑是非常贴切的。现在，规矩有了，关键是领导干部自身要带头认真执行，自觉接受监督，方能达到"正人"之目的。与此同时，作为党和国家的纪检、监察人员也应当时刻以党和人民的利益为重，以刚直不阿的精神去执行公务。唯有如此，惩治腐败才有希望。

少应酬　多学习

据报道，前些年，一位中央领导特别强调，各级干部要尽量减少应酬，多挤出时间来学习，努力用更多的新知识新经验来武装自己，这样才能跟上改革和发展的形势，跟上时代的要求。

应当看到，对于读书问题，确实存在两种不同的态度。许多领导干部尽管工作任务繁多，但每天都要挤出时间来读书，否则就觉得缺了点什么；但少数领导干部却总强调忙，无法挤出时间来读书。其实，后者有不少时间是忙于吃喝应酬。由此看来，对“忙”也要分析，实际上还是一个对学习、求知的态度问题。

古人说得好：“工欲善其事，必先利其器。”建立社会主义市场经济体制的任务复杂而又繁重。要完成好这一任务，就需要各级领导干部不断提高自己的理论水平、知识水平、领导水平。作为一名领导干部，要读的书、要吸纳的知识很多很多。因而，少些应酬，多读一些书籍，是绝对有必要的。

话说“乐道人之善”

人活在世上，闲谈是一项不可缺少的生活内容。茶余饭后，亲朋相聚，旧友重逢，总免不了要叙谈一番。然而，叙谈什么，却因人不同而有着很大的差别。有人喜欢对人说三道四，一味挑剔别人的毛病，大有不屑一顾之势。这样的闲谈，有害团结，腐蚀灵魂，只能趋向颓唐和堕落。

明清之际的思想家顾炎武在《日知录》中曾热情地倡导要“乐道人之善”。俗话说得好：“雨不多淋湿衣裳，话不多伤人心肠”“与人善言，暖若锦帛；与人恶言，深于矛戟”。可见，“乐道人之善”对增进团结，搞好同志关系的重要意义。事实也已验证，“乐道人之善”对自己的身心健康也是有益处的，也有助于把自己培养成为一个脱离低级趣味的人，一个道德高尚的人。

当然，提倡“乐道人之善”，并非取消积极的思想斗争，不要同志间的相互批评帮助；并非倡导无原则的吹捧、虚伪的奉承、别有用心的阿谀拍马，而是主张实事求是地、恰如其分地肯定别人的优点和长处，主张持有“严于律己、宽以待人”的处世原则。

做人与做官

不管是谁，倘若要把握好人生的航船，就必须学会做人。而在我们民族的道德传统中，有不少值得提倡、继承的精神。孟子说，人都有恻隐之心、羞恶之心、辞让之心和是非之心。这“四心”就是“仁义礼智”四种基本道德的萌芽。荀子说，“禽兽有父子而无父子之亲，有牝牡而无男女之别”。人与禽兽的区别，在于有“义”；有了义，人才能按一定秩序组成社会，才“最为天下贵”。看得出，儒家强调人之所以为人是在于有人伦、有道德。从此出发，便提出了“做人”的问题。老年人教育子女，都把“学会做人”放在首要地位，而对恶人恶事的谴责，常斥之为“兽行”“衣冠禽兽”，或直言“不是人”。可见在我们中国人心目中，真正学会做一个人是何等的重要。

在对待物质生活与道德精神、个人私利和社会公利上，中国传统的精神是以义为上。见利思义，不取不义之财，见义勇为，舍生取义，已经成为各阶层人们都奉行的道德准则。学者为己，强调的并不是为一己谋私利，而是指为完善自己，实现自己的人生价值，完成、保持自己独立人格；而不是做给别人看，求他人的赞誉，沽名钓誉。这是为学、修养的根本态度，体现着自觉的道德精神。而处理人我关系的基本准则是推己及人，“己所不欲，勿施于人”“己欲立而立人，己欲达而达人”“老吾老，以及人之老；幼吾幼，以及人之幼”“将心比心”“设身处地”为人着想。类似种种，都已在漫长的历史中渗入我国文化各个方面，积淀为我们的民族心理，影响着人们一言一行和整个社会风气。我们应当自觉地批判地继承这些精神。

在今天，做人同样要有健康的人情味，要有高尚的人格，要公道正派，言而有信，经得起金钱和权力的考验。毛泽东在人们心目中久盛不衰的崇高威望，除了来自于他的智慧、功绩之外，他的人格的感召力、征服力也是一个重要因素。“人贵有自知之明”“人是要有一点精神的”“一个人能力有大小，但只要有这点精神，就是一个高尚的人，一个纯粹的人，一个有道德的人，一个脱离了低级趣味的人，一个有益于人民的人”。从这些简短的话语中，我们不难领悟到，他是十分讲究“做人”的。可以肯定地说，培养高尚的情操是学会做人的一个重要内容。每一个人，都是社会的人。因而都应懂法守法，身体力行社会主义核心价值观，优化道德意识和行为，要有良好的心理素质、高度的敬业精神和强烈的民族情感，自重、自尊、自警、自励，学会控制自我，超越自我，升华自己的思想境界，努力使自己成为一个高尚的人，有益于社会、有益于人民的人。

好人未必都能够做官，但做官一定要是好人。要做“官”，首先要学会做好“人”。只有做好了“人”，即有一个好的人格品行修养，做官才有坚实的基础，才能服人，才能影响人，才能带领广大人民群众去建功立业。在我们的队伍中，有的同志一旦走上了领导岗位，便放松了对自己的约束，且不说一个共产党员应该做到的“一切从人民的利益出发”“全心全意为人民服务”，他没有做到；就连“不取不义之财”“一粥一饭，当思来之不易”“贫贱之交不能忘，糟糠之妻不下堂”这些古往今来人们都注意遵循的道德准则也丢在脑后。对这种人，即使他有职有权，群众也未必看得起。古人说，国之兴，长于政；政之兴，在得人。任何时代，任何一项伟大的事业，都需要有一大批杰出的人才。人才选得好，用得好，民族就兴旺，国家就富强，事业就发展，社会就进步，这是历史的辩证法。当“官”作为一种特殊职业，除了要具有一般人最起码的情操觉悟之外，还应当有更高的精神境界，还应能比一般人作出更多的奉献乃至付出更大的牺牲。作为一名领导干部应当树立正确的人生观，一定要“堂堂正正做人”“清清白白做官”“踏踏实实做事”；一定要胸怀正义、公私无畏，才足以任事，行足以镇邪，努力做到为官一任，兴一方经济，富一方百姓，保一方平安，建一方文明。

多一些“底气”

“气”与生俱来，人皆有之。喜则气缓，怒则气上，思则气结，悲则气消，恐则气下，惊则气乱。可以这样说，大至经国济民、正义事业，小至个人修身与工作，莫不与气相涉。在治理国家上如果没有了正气、豪气、壮气，则国不堪为国矣；一个人身上如果没有了气品、气质，则人也不堪其人了。人们常说，这个人说话底气不足，或底气很足，这多半不是指其身体状况，而是指其精神状态。那么，其根源在于其精神气质如何。气强则精神旺，气衰则精神靡；理直则气壮，理亏则气虚。

汉代马融说：“在官惟明，莅事惟平，立身惟清。”一个底气足的领导干部，必然刚强正直，顶天立地，造福人民。倘若底气不足，或气势被夺，便会心虚胆怯，气势馁弱，意志逐渐丧失，无法担起责任。因而，作为一名领导干部，要十分注意自己底气的扩充和积淀。要加强党性修养，使自己始终坚持全心全意为人民服务的根本宗旨；注意拓宽视野，使自己能够善于观察世界大势和正确把握时代要求；培养战略思维能力，使自己善于从实际出发，增强驾驭全局的能力；注重提高理论素养，使自己努力掌握马克思主义的立场、观点和方法；严于律己，使自己既律言又律行，廉洁奉公，不谋私利。只有这样，底气才会足，才真正具有立身之本，就“半夜不怕鬼敲门”。当然，林子大了，什么样的鸟都会有。古人云：“丛兰欲茂，秋风败之；正士立朝，谗人妒之。”一个人勇于坚持原则，一心抓工作，大胆管理干部，也常常会得罪一些违法乱纪、心地龌龊之徒。这些人往往正面不敢来，只有“做鬼”，夜半三更去“敲门”。对此，革命烈士彭雪枫作了很好的回答，他指出：“某些人风言风语的中伤之词，自在我们意料之中。我想最佳态度是一笑置之。”同理，也只有自身的“底气”足，才能做到“一笑置之”。

警惕"变异"

为政之道在于得人。起用德高才显的忠正良士，有助于政令畅通、事业兴旺；而授权于私心重、贪欲强、品行恶劣的异类，必将贻害一方。为此，必须要警惕和预防官员的"变异"。一方面，不能在钻营奔竞的人中去求取人才，不能在阿谀谄媚的人中去寻求人才，要变"相马"为"赛马"，改革选拔机制，从而使优秀的人才脱颖而出，则国之大幸，民之大幸。另一方面，作为官员本身理当认识到：既然为官，就必须好自为之。官场是考验人性的场所，切不可经不起诱惑而"变异"。在如今的"官道"上，常有"车祸"发生：有人从"车"上摔下来，人栽了；有人乘"车"不守"规则"，车翻了。有的人不仅仅是不配做"官"，连做人的资格都丧失殆尽了。一些贪官将自己的权力看作是一种商品，将"傍大款"看作是自己成为百万富翁、千万富翁的一种"捷径"，实施权钱交易，结果被行贿者牢牢地套住，变成"贪食的游鱼""呼之即来，挥之即去的'狗子'"。官当到被人用金钱"买断"了人格的份儿上，可谓十分可怜又可卑。为官者切记，在"官道"上要守"规则"。作为共产党的官员，都是人民的公仆，就要在"公"字与"仆"字上下功夫，以权谋公而不是以权谋私，定政策、想问题、办事情，都公平合理，胸怀坦荡，光明正大，接受群众的监督；就要忠心耿耿，全心全意为“主人”即人民服务；就要有对国家和人民利益高度负责的政治意识，“为官不可一事苟且”；就要学会做人，做一个道德高尚的人；就要有为事业寝食不安，居安思危的忧患意识；就要有雷厉风行，脚踏实地，勤政为民的服务意识。

漫议“本领恐慌”

1939 年，毛泽东在延安在职干部教育动员大会讲话时指出：“我们队伍里边有一种恐慌，不是经济恐慌，也不是政治恐慌，而是本领恐慌。过去学的本领只有一点点，今天用一些，明天用一些，渐渐告罄了……学习本领，这是我们许多干部所迫切需要的。”在这里，毛泽东将本领恐慌与政治恐慌和经济恐慌相提并论，足见学习本领、克服本领恐慌的极端重要性。

今天，面对新世纪新的机遇和新的挑战，更应当感到“本领恐慌”。特别是中青年领导干部，肩负着 21 世纪治国兴邦的历史重任，在全新的形势和任务面前，需要有一种清醒，有一种忧患，要认识到自己的不足。冷静分析，在一些中青年领导干部身上，确实存在着某些方面、某种程度上的“本领恐慌”。第一，缺乏用科学理论指导实践的本领。有的同志由于理论学习有限、实践经验不足，因而缺乏对马克思主义的全面理解和熟练运用，或者教条式地对待马克思主义，不善于把科学理论和上级精神转变为切合本单位实际的科学决策思路和工作办法；或者经验式地对待马克思主义，不善于在实际工作中运用理论，不善于统揽全局、驾驭全局，因而往往工作辛辛苦苦、忙忙碌碌，但忙不到点子上。第二，缺乏引导群众思想、凝聚群众力量、激发群众积极性和创造性的本领。当前，我们的社会正处于重大转折关头，社会情况发生了一些深刻复杂的新变化。有的同志对党的思想政治工作重视得不够，工作方法老化，形式单调，管用的办法也不多。第三，缺乏协调关系、化解矛盾、理顺情绪、维护安定的本领。有的同志攻坚克难的能力不强，尤其在各种突发事件、棘手问题、利益纠纷问题上显得手足无措，处置不力，使问题得不到及时解决，导致矛盾激化、后果加重，给国家和人民利益带来损失。第四，缺乏创造性地开展工作的本领。在一些庸俗哲学、市侩哲学的影响下，有的同志明哲保身，安于现状，缺乏创新意识、机遇意识、竞争意识和责任意识，习惯于当太平官，过安稳日子，只求过得去，不求干得好。

面对本领恐慌，我们该怎么办？唯一的出路在于学习。只有学习，才能丰富和充实自己的知识，才能不断地适应外部环境的变化，才能适应新时代的生存方式；只有学习，才能不断获得新信息、新机遇，不断提高能力和素质，才能不停顿地克服本领恐慌，走向成功。因此，要变本领的恐慌为学习的动力。要潜心学习书本上的知识，积极拓宽知识面，努力实现从单一型知识结构向复合型知识结构的转变，从人文知识为主向"大学科"的转变。还要向实践学习。实践出真知。现实生活是所大学校，在实践中探索和磨炼，可以长见识、增才干。面对飞速发展的世界和不断变化的形势，正确的选择是坚持活到老、学到老，做学习型干部，努力掌握新知识，不断积累新经验，切实增长新本领。

漫说“门无杂宾”

家庭是社会的细胞。党的干部特别是身居要职、握有实权的领导干部，倡导廉洁，需要严守“家门”。门风问题确实不可小视。时下，廉政建设正在真抓实干，党的纪律和廉政制度的约束力，使得一些行贿送礼者难以堂堂正正地进入机关大院。于是，行贿送礼者便另辟蹊径，纷纷挤向领导干部的“家门”。因此，对于领导干部而言，把好“家门”就显得特别重要。

要把好“家门”，就要做到“门无杂宾”。所谓“门无杂宾”，就是指交友慎重。这则成语来源于《晋书·刘惔传》：“为政清整，门无杂宾。”刘惔自幼发奋读书、学识过人，调至外地当官以后，他信奉老庄哲学，主张清静无为，办事又非常严谨，以至他的衙门里非常清静，毫不嘈杂；他的家也不像一般地方官的家那样，经常有人进进出出，而是像隐士的幽居，从未有杂乱的宾客上门。

要做到“门无杂宾”，需要有去贪欲、耐清贫、甘寂寞的境界。现在有不少领导干部认为，开放年代，朋友越杂路越多，他们往往对带钱物上门的抱有各种目的的人不顾原则乱许愿，不能办的事也给办，引得这类人白天不跑办公室，晚上成为领导家中的座上宾。领导干部家中这类“杂宾”如云、门庭若市的现象，必然会对领导造成污染，甚至将其引向邪路。已揭露的一些领导干部营私舞弊、贪污腐化等犯罪勾当，有许多不就是在家里做成权钱交易的吗？

要做到“门无杂宾”，还牵涉领导干部的交友之道。世人谁都有几个朋友，领导干部的朋友可能会更多一些。通过交朋友，特别是交上一些讲真话、敢直言的基层朋友，领导干部可以了解到群众情绪、社会动态，可以有助于切实解决问题，密切党群关系、干群关系。朋友是多种多样的，其中有富朋友，也有穷朋友。对于一个领导干部来说，既要交富朋友，也要交穷朋友，而且要多交、深交一些穷朋友，特别要交真朋友。有些“朋友”其实很不够朋友，他们要结交的，并不是你这个人，而是结交你的职务、权力、地位、影响。他们给你送钱送物，其实是给你送“毒药”，送你进班房。他们吃小亏往往是为了占大便宜。一旦你失去了权力，他们就会像扔用过的一块脏抹布一样把你扔掉，当年的称兄道弟、两肋插刀之类的慷慨之词，也都随之抛到了九霄云外。这是权力之交、势利之交，也即小人之交的必然结果。所以说，在交友问题上，作为一名领导干部，一定要比老百姓更慎重一些。哪些人可交，哪些人不可交，哪些人应该多交，哪些人应该少交，要心中有数。否则，稍有不慎，就会栽在“朋友”的手里。

树起“门无杂宾”的好门风，主要靠领导干部本身坐得正、无杂念，使“杂宾”钻不进，歪风邪气入不了门。但领导干部也要提醒自己的家庭成员当好“守门员”，千万别让他们巧借夫权、父权，做出损公肥私的丑事。只有这样，领导干部才会跟群众更贴近，家门里也才会有更多的真朋友。

"门庭冷落"辩

长期以来，一些退位失权的领导干部往往会因"门庭冷落"而感叹世态炎凉，一些人也习惯将"门庭冷落"视为一种不健康的社会现象加以批判。但笔者认为，这恐怕是认识上的误区，至少是认识不全面，有失公允，缺乏具体分析。

"门庭冷落"到底正常不正常？我觉得不能简单地回答，而应该客观地辩证地看。在岗在位时，门庭若市，高朋满座，朝朝暮暮，川流不息，一旦从岗位上退下来以后，便是"门前冷落鞍马稀"，甚至门可罗雀，无人问津。这种现象，为古今中外所共有。记得《哈姆雷特》中有这么一段台词："失财势的伟人举目无亲，走时运的穷酸仇敌逢迎。"战国名将廉颇，在当将军时，宾客云集，热热闹闹，后被免归，宾客尽散，冷冷清清。面对如此场景，廉颇十分感叹："客退矣！"宾客听后，倒也十分坦白地回答说："吁！君何见之晚也。天以市道交，君有势，我即从君；无势，我即去。此其理也，又何怨焉。"这话说得明明白白、清清楚楚，无须注释。所以说，门庭冷落，不足为怪。

有人之所以有"门庭冷落"的感叹，主要是因为在位与不在位、得势与失势时的对比反差强烈，的确让人有些不好接受。领导干部退下来以后来人渐少，从形成原因来看有三种情况：

一是趋炎附势的社会风气使然。有权有势时，人家有求于你，自然趋之若鹜，门槛被人踢破；无权无势了，势利之人在你这里得不到什么了，自然不再上门，而是攀附别人去了。于是乎，在位时一呼百应，显赫无比，门庭若市，热闹非凡；离位后老病缠身，形单影只，无人过问，冷冷清清。这种世态炎凉的恶习当然不好，理应受到人们的谴责。既然这种现象自古就有，时至今日，人们更应以豁达之心来看待这个问题。如果是这样，退下来后，对那些朝秦暮楚的势利小人不登门，倒是应该庆幸，不可也不必自感落寞。

二是没有人格魅力，政声不好。在位时尸位素餐，政绩平平，甚至以权谋私、作威作福、不念百姓、不交真朋友，退休后自然无人问津，这只能是自作自受、自食苦果。对于领导干部来说，倒是有必要总结一下，在位时自己是不是爱听奉承话，成天被那些“高朋”们包围，在那条条如簧之舌的鼓噪下，被吹捧得飘飘然、乐悠悠、昏沉沉，使自己是非不分、忠奸不辨，结果是小人近而君子离，积弊益深，政绩平平。如果是这样，对于目前的处境，也只能怨自己当初看错了人、用错了人。

三是工作和身份变动的自然规律。在位时，负责某一方面的工作，拥有一定的权力。同事来商讨问题，下属来请示汇报，群众来反映情况，自然熙熙攘攘；不在位了，不谋其事了，人家当然不会跟你有工作上的联系了。再说，同事和下属也有自己的工作，不可能还像过去一样围着你转。这并不是世态炎凉。应该看到，大多数干部并不是那种趋炎附势的人。所以，老同志要因角色转变而及时调整心态，多一些理解和包容，多一些情趣，多一些爱好，爱好多了朋友就会多，心有寄托就不会寂寞。当然，从尊老的角度来看，多给退了位的老领导、老干部以温暖，多给上了年纪的人以关怀，包括精神关怀，常上门看望、聊聊天，是应该倡导的事情。

“门庭冷落”的现象也可给在位的领导干部许多启示。

一是领导干部要勤政亲民，造福一方。在位时，首先应该想到的是“为官一任，遗惠一方”，造福于民。以“衙斋卧听萧萧竹，疑是民间疾苦声”的情怀，忧国忧民，恪尽职守，多为群众办实事、办好事。“金杯银杯不如老百姓的口碑。”老百姓心中有一杆秤，政息人去后，民意闲谈时，老百姓自然会有评价。对为地方和百姓做了好事的人，不管在位不在位，百姓们都是不会忘记的。

二是领导干部要交诤友，远小人。社会是复杂的，一个人当上领导后，必有阿谀奉承、溜须拍马者登堂入室，围绕左右，或甜言蜜语，或巴结讨好。而世界上没有无缘无故的爱，这些人往往看重的不是你本身，而是你手中的权力、所处的位置。因而在这些人喋喋不休地倾诉顺耳之言时，一定要冷静分析，不要让那些谙于拍马术的人有可乘之机。

三是领导干部一定要以平常心对待自己。一个人为社会作出了贡献，社会自然会给予合理的回报。个人的前途归根结底寄托于国家的前途，社会发展了，一切都会好起来。以平常心对待自己，就是要正确地认识自己，正确认识人生。我们很难免俗，但千万不可落俗；要有平民意识，过得惯百姓生活；要抗得住诱惑，耐得住寂寞。世事纷扰要看得开，世俗恩怨要放得下。世上事，不能尽如人意，但求无愧我心。只要尽心尽力地为人间增添了一分亮色，就是一块闪光的金子，就是一个大写的“人”、一个生活得充实的人。有了这样的认识，将来离任后，就不会产生落寞、空虚之慨叹了。

崇尚俭朴

时下，有些领导干部感到“活得真累”。这种累并非来自工作负担，累得汗流浃背、腰酸腿疼，或是头昏脑涨、两眼发花。也就是说，不是身体上的累，而是精神上的累。而精神上的累重要的原因之一是欲望过高，心为形役。费尽心机刚坐上科长的位子，两眼又盯着处长的乌纱帽；辛辛苦苦才成为家底殷实的小款，心里又想着百万富翁的称号；住上三室两厅，又羡慕别人的豪华别墅；坐上“桑塔纳”，又羡慕别人坐“奔驰”。欲望无止境，烦恼无止境。如此活着，焉能不累！

精神上的累，如何解脱？最重要的是要有正确的世界观、人生观、价值观，有高尚的思想境界，能耐得住清贫，崇尚俭朴的生活。

耐得住清贫和寂寞，才能过俭朴的生活。耐得住清贫，是一个人精神境界高尚的体现。清贫，本义是指贫苦。如今搞社会主义市场经济，“清贫”可以赋予它贫苦而有志节的新含义。社会主义最终目的是实现共同富裕，但在这个目标实现的过程中，存在大富小富、先富后富的差异。目前，我国经济尚不发达，不可能做到高薪养廉，这就需要领导干部正视现实，耐得住这份清贫。耐不住清贫，往往会引发不少不该发生的事情：在金钱的诱惑下，法纪松弛，人格扭曲，事业受损，社会遭害。当前查处的一些党政干部违法违纪案件中，大多数是耐不住清贫且无志节导致的结果。

古人说："嚼得菜根，百事可为。"这说明一个人的生活方式在一定程度上决定一个人的成功程度、办事能力以及立场品质。革命先烈方志敏说过："清贫，洁白朴素的生活，正是我们革命者能够战胜无数困难的地方。"中国革命之所以取得胜利，正是靠了共产党人毫无怨言地吞咽红米南瓜、小米黑豆乃至草根树皮的含辛茹苦，靠了他们餐风饮露、饮雪卧冰的奋斗精神。

人的一生中，无论是在贫穷的时候，还是在宽裕的时候，都应保持俭朴这种美德，这是自身健康成长的内在要求。俭朴不但能使人养成刻苦自励的精神，还可以远离祸灾。身为党员干部，适当节制自己，力戒奢华，清俭一点，是有益的、完全必要的。甘愿艰苦，厉行节俭，是做官的本分，立身的基础，是立党为公、执政为民的前提，是提高执政水平和领导能力的途径，是密切联系群众的"钥匙"，是防止个人蜕化变质、腐化堕落的"良药"。所以，我们的领导干部在衣食住行各方面，务必严格要求自己，不忘菜根之味。这样，才能在酒色财气的诱惑面前，看得清、想得透、挺得直、站得稳，才能成为一个合格的共产党员，成为一个靠得住、有本事的优秀领导干部。

识人谨防“光环效应”

一个地方或单位新的领导班子成员往往来自“五湖四海”，相互通过各种渠道了解彼此情况，力求尽快“知己知彼”，有利于工作的展开和更好的合作。倘若对这种了解把握不当，极易造成认识上的误区，形成偏见，以致直接影响到班子合力的形成和队伍的团结。“光环效应”便是认识误区的一种。

所谓“光环效应”，是人们常有的以点概面、以偏概全的评价倾向，犹如大风前的月晕逐步扩散，形成一个更大的光环，这种效应也称“晕轮效应”。如果认为某人具有某个突出优点，这个人就被积极肯定的光环笼罩，并被赋予更多好感；如果认为某人具有某个突出缺点，这个人就被消极否定的光环笼罩，甚至认为他其他方面也不好。

美国心理学家凯利曾做过一个心理实验：让一位演讲者在某大学两个班级分别作了内容相同的演讲。演讲结束后，甲班学生与其亲密攀谈，而乙班学生对其则冷淡回避。同一个人作同样的演讲，为何效果会如此不同？原来演讲前凯利曾对甲班学生说，演讲者是如何热情可亲，而对乙班学生则说，演讲者是如何不易接近。结果学生们戴着有色眼镜去观察演讲者，演讲者被罩上了不同色彩的光环，学生们看到的都是他们期望看到的。这就是

“光环效应”的表现。

可见，“光环效应”是一种认知偏差，不利于人们全面正确地认识他人。这就提醒我们，在真正了解一个人前，切不可太轻信事前得到的信息，更不可凭一时的感觉。

一个成熟的领导者，对待身边的班子成员，首先，应以喜悦的心情接纳他们，保持平常心，胸襟坦荡，把握好处理人际关系的“尺度”，给自己和他人留有一个好的定位，真诚地希望对方成为自己的朋友，从而切实防止思维误区的出现。其次，对事前得到的各种信息，需作理性分析，不可偏听偏信，不可轻易下结论，对于同事的工作水平和人品，需要在相处中慢慢了解。“尺有所短，寸有所长”，应当学会多看人的长处，少些挑剔，多些宽容，一定会带来好的工作效果。最后，一个班子要真正搞好团结，在于讲原则、讲风格，在于多学习、多通气、多沟通、多协调、多讨论、多理解，从而在思想上互相帮助，工作上互相支持，生活上互相关心，形成和谐健康的人际关系和工作氛围。

且说焦虑感

凡事都有两面性，焦虑对人的影响也不仅仅只有消极的一面，其实也有积极的一面。适度的焦虑，可以提高人的警觉程度，充分调动身心潜能，使自己的知识经验、技能技巧和智力体力达到激活状态。拥有适度的焦虑，人的注意力会更加集中，思维更加敏捷，心理反应更快，从而能更好地解决面临的问题。

领导干部有适度的焦虑感，说明领导干部有高度的责任心和强烈的忧患意识。职务就是责任。领导干部肩负着“兴一方经济，富一方百姓，保一方平安”的职责，担子不能说不重。如果不勤政廉政，不恪尽职守，办不好分内的事情，就会辜负组织的重托，愧对人民群众的厚望。组织的重托、群众的期望和工作的压力，会给有责任心的领导干部带来一定的焦虑感，当这种焦虑感转化为工作的动力、热情和干劲之时，就有了其积极的意义。

在新世纪新形势下，各种新情况新问题层出不穷，改革越向纵深推进，遇到的问题和矛盾就越复杂，解决的难度就越大，面临的挑战就越严峻。一个头脑清醒、政治上成熟的领导干部，对此必须有客观冷静的认识。领导干部要做攻坚克难的高手，要应对各种突发事件，要将矛盾解决于未萌，就必须要有忧患意识，保持一定的焦虑感和紧迫感，做到居安思危，见微知著，防微杜渐。当今国际竞争日趋激烈，发展机遇稍纵即逝，必须以时不我待的紧迫感抢抓机遇，谋划发展。

保持一定的焦虑感，有利于坚持立党为公、执政为民的自觉性。领导干部有无适度的焦虑，其行为方式和处世态度是截然不同的。没有这种适度的焦虑，面对群众的疾苦和困难，便会漠然、马虎、懈怠。不可否认，时下，在少数领导干部身上存在一种很不好的现象，缺乏事业心和上进心，缺乏加快发展的责任感和紧迫感，工作敷衍了事、得过且过，对人民群众的疾苦漠不关心，不闻不问，在工作中不能细心研究人民群众的利益、认真关心人民群众的疾苦，切实体察人民群众的情绪。这种缺乏应有的焦虑感的干部，不是我们事业需要的干部。

领导干部常有适度的焦虑感，才会“一日无为，三日不安”，才会永远心里都装着群众，凡事想着群众，工作依靠群众，一切为了群众，为群众真心实意谋利益，并且能做到急民所急，迅速行动，抓紧解决；才会有“时不我待，只争朝夕”的紧迫感，一心一意谋发展、干事业。

当然，如果焦虑过度，以至于患上焦虑症，那么这种有积极意义的情绪就有可能起相反的作用，就有可能使人处于一种极度的紧张状态，产生恐惧、急躁情绪，甚至神志不清，对工作产生负面作用。因此，领导干部要增强心理承受能力，遇事沉着冷静，学会统筹兼顾，善于化焦虑为动力。

远离小人

在中国古代伦理评价中，常常将小人与君子相对而言。小人，原意是指受君子支使的非在位者。孔子的学生樊迟曾向他请教农业生产技术，孔子不懂，反而生气地说："小人哉，樊迟也。"这里说的小人，是指樊迟没有远大的政治抱负，只为切身利益及其谋生手段而苦苦奔忙，孔子自然看不上他。后来，小人则转化成一种道德人格的概念，专指那些人格卑下、品质恶劣的人。

见利忘义是小人的一大特征。小人溜须拍马，其"拍马"是为了"骑马"。"拍马"之时装出一副可怜相，一旦得志便猖狂。小人白天是人，夜里是"鬼"，人鬼交替而行。这可谓"易涨易退出溪水，易反易复小人心"。小人当面口如蜜糖，转脸便是仇人。小人是一个可怜、可恨、可悲、可怕、可鄙、可笑的复合体，是一个不可近、不可靠、不可信的怪胎。

小人的心理特征是"恨人有，笑人无"，即不论他人是兴旺发达，还是穷困潦倒，都可被其视为发泄和攻击的对象。这种人惯用"暗箭"伤人或者说"软刀子"杀人，明着甜言蜜语，暗里造谣中伤，甚至搞人身攻击，令人防不胜防，往往是几毛钱一封匿名信，或者一份小字报，先把你折腾得声名狼藉，看你还有什么心思去办正经事。正所谓“明枪易躲，暗箭难防”。古往今来的政治家无不把“近君子，远小人”作为自己人际交往的要诀而铭刻于心。

反复无常的小人，往往不知自尊、不讲人格、见风使舵、见机行事，凡是利于个人猎取名利的时机，决不放过；上蹿下跳，四处钻营，不把名利弄到手，决不罢休。这种人善于观察人事的变化，见有人较有把握接班、掌权，就狐媚万状、勤套近乎，极尽趋炎附势之能。这种人宁肯把栽培过他、在危难时搭救过他的领导一脚踢开，也要千方百计投靠可能接班的新秀，努力另攀高枝。这种人以个人利益支配自己的行动，常开顺风船。

小人虽小，而其害人败事之能量却很大。小则可以“借刀杀人”，谋害忠良，弄得许多实干之士不得不一边干事业，一边防备小人背后的暗算；大则可以把一个单位、一个地区的水搅浑，可以败坏纲纪、误国害民。因此，对迎合奉承的小人，不警惕、不疏远，往往会遭大祸。据《梁书》记载，朱异由于善于揣摩梁武帝的心理，对梁武帝的指令阿谀奉承，得到梁武帝格外的宠爱和信任，居权要之位达 30 多年。后来，梁武帝招引降敌，以致国家败亡，这与朱异一味逢迎拍马、任事居权密不可分。

小人常常因为个人的某种利益未得到满足或为追随他人谋利，而对他的恩人以怨报德、忘本背义。唐朝李德裕在《小人论》一文中，有力地鞭笞了这样的人。他认为，对迎合奉承的小人，疏远他们，就没有什么祸患；对反复无常的小人，不信任他们，就不会有什么过失。

小人中还有一族——“可怜人”，或称奴性小人。鲁迅笔下曾刻画了一个奴才，他声泪俱下地向客人诉说自己如何遭主子的虐待，客人听后勃然大怒，要找主子论理，不料这位奴才却大叫：“救命呀，客人要杀主子了！”事后，奴才又殷勤地向主子表白忠心。尽管他又照例地得到一番训诫呵斥，但仍旧自鸣得意，保住了饭碗。鲁迅先生描写的奴才，正是指这种“可怜人”。奴性小人往往心胸狭窄，又缺乏必要的道义，“卖师傅”则成为其向上爬的得力武器。如果没有切实的考察而滥用同情怜悯之心，结果常常是被对方出卖，落得个里外不是人。

小人就像癌细胞。癌细胞不除，人体的各个健康组织就要受损。小人只图私利，没有远谋，让他们得势，好人就要受气，事业就将被毁。因此，对小人要坚决抨击、抵制、揭露、远离。领导干部需要不断锤炼自己的党性，加强人格修养，立志做正人君子，决不做戚戚小人，使得邪不近身；要下决心远离小人，善于识破小人的伎俩，坚决不任用小人，以避免不必要的麻烦。特别是身处高位的领导干部更要做到“开直臣忠谏之路，杜小人幸进之门”。与此同时，要有自我保护意识，防止陷入小人设置的陷阱和圈套，还要善于运用法律武器来保护自己，捍卫自己的正当权益，以便自己能踏踏实实地工作、从从容容地生活。

远离粗暴

近来，媒体报道了几起因地方干部作风粗暴严重损害群众利益而被党纪国法惩处的事件。笔者认为，正是因为一些地方领导干部的素质存在着重大缺陷，使得他们错误地使用了手中的权力。

领导干部素质，指的是他们的德、识、才、学、体，这是一个整体，密不可分。其中，德居首位，是灵魂，也是其他四者之根本。而德的内涵，包括领导干部所表现出来的意志、兴趣、性格和专注力等品德。优良的心理品德应表现为高度的事业心、吃苦耐劳的精神、坚韧不拔的毅力、百折不挠的意志以及高尚的情操。由于领导干部手握大权，肩负重责，所作所为影响极大，因此，他们的个人品德如何就愈显得特别重要，对他们的品德要求中就包括了民主意识和不粗暴的内容。

尽管我党对各级领导干部的政治品格和工作作风有严格的要求，但确有一些干部存在作风霸道、态度粗暴的问题。主要表现为：一是做官当老爷，官僚习气严重。“官”升脾气长，颐指气使，唯我独尊；阿谀之词百听不厌，逆耳之言一听就“炸”；顺我者上，逆我者下。二是缺乏民主意识，家长作风严重。不按民主集中制原则办事，不能自觉地接受监督，在重大决策和实际工作中搞“一言堂”，不经充分酝酿和讨论，不认真听取多数人的意见，个人说了算，甚至将个人凌驾于组织之上，独断专行；还有的自觉不自觉地把自己所在地方和部门视为个人的“领地”，习惯搞“家长制”“家天下”。三是好大喜功，急功近利，为了追求一己之“政绩”，不顾当地发展的实际，不惜民力民资，不惜竭泽而渔，不惜破坏自然环境，甚至弄虚作假，结果是劳民伤财、贻害一方。四是政策法制观念差，决策主观武断，工作方法简单，搞瞎指挥，不根据实际情况和群众的承受能力，不在群众中做耐心细致的宣传解释工作和启发群众的觉悟，而是强迫接受和强制执行，“通不通，三分钟；再不通，龙卷风”。甚至滥用职权，作威作福，横行霸道，欺压群众。结果导致干群关系紧张，群众怨气很大。

事实再三告诫人们，倘若一个领导者缺乏民主意识且作风粗暴，就一定会自我神化、独断专行、自以为是，听不进不同意见；就一定会异想天开、好大喜功，定些不切实际的目标、做出许多荒唐的事来；就一定会造成班子不团结、干部离心离德；就一定会破坏民主集中制原则的贯彻执行、败坏党的风气、助长腐败滋生。由于某些领导干部作风粗暴、决策失误而为害一方的案例不在少数，使当地的改革进程受阻，甚至造成重大损失。历史的经验值得注意。普通人粗暴往往使“一家哭”而已，有职有权者粗暴则会导致“一路哭”。这是我们应当尽力避免的。

粗暴可怕，不受监督的权力也可怕，如果两者结合起来，就更可怕。粗暴与权力结合，生出的只能是灾难。《尚书》有言：“天作孽，犹可违；人作孽，不可活。”意思是说，老天降灾，人还可以生存；要是人不讲道理，横行霸道，那就注定了要失败。

领导活动不是领导者一个人逞强逞能的活动，更不是领导者的一种私人活动。从机制上说，领导活动是一种涉及内容非常广泛的公共活动。领导活动及其领导过程都是在一定的社会环境和客观环境中进行的。而作为一种公共活动就必然要受到公共规则的制约。所以，在现代社会里，对于领导者的行为能否实行严密而有效的制度约束，就成为社会现代化程度的一个重要标志。作为领导者本身，要坚定理想信念，夯实理论功底，增强党性锻炼，加强自身修养，树立正确的世界观、人生观、价值观；要强化民主意识和群众意识，带头贯彻执行民主集中制，反对独断专行，时刻警惕粗暴，自觉远离粗暴。唯此，方能履行好职责，成为一个有益于社会的人，方能使自己成为德才兼备、受人尊敬和爱戴的人。

守住道德底线

何为道德底线？就是做人应该遵守的最基本的行为规范和道德准则，或曰做人的最基本的道德和良知，是与非、美与丑、善与恶、好与坏的分水岭。人生在世，总有一些基本的东西不能丢弃，比如信仰、道德、良知、人格等。一个人如果失去了这些东西，就没有了立身之本，就没有了精神支柱和灵魂。守住道德底线，是人们安身立命最基本、最起码的要求。

一个人能否受到别人的尊重，能否干成一番事业，这与他本人的品质好坏有直接关系。所以孔子把“修身”放在“齐家”“治国”“平天下”之前，把“修身”作为人生的第一要务来看待。“德不孤，必有邻。”领导者作为部属心中的旗帜，要带出一支好的队伍，干出一番事业来，毫无疑问至少必须守住道德底线，要有羞耻之心，要十分珍惜自己的声誉，注重加强修养，塑造一个良好的形象。

可是，使人忧虑不已的是，在经济转轨和社会转型时期，一些人的道德水准正在下降，道德底线犹如雪山上的冰川，正在急剧萎缩和后退。一些人似乎越来越没有羞耻之心了，为了达到某种目的，获得某种好处，不惜丧失人格尊严，不择手段，惟利是图，没有工夫感到耻辱，无暇顾及道德底线。某些“公仆”受利益驱动，心理失衡，世界观、人生观、价值观扭曲，经受不住社会上的各种诱惑，特别是权、钱、色的诱惑，导致道德底线不保。底线是临界点，是最低要求，是不可逾越的。一旦突破道德底线，离触犯法律也就不远了。倘若社会失去了道德约束，仅仅靠法律来维系，这实属不祥之兆。倘若官员缺乏羞耻之心，胆敢逾越道德底线，那就是堕落的开始，不要说得到别人的信任和尊重、实现有效领导，恐怕离“进班房”也不远了。

少数官员的道德底线的后退，往往会导致一系列令人啼笑皆非的事情。比如，主持工程不拿回扣就是廉洁，提拔干部不收红包就是清正，居官多年而没有贪污就可得奖，下班回家吃饭居然成了媒体称赞的典型事例。又比如，有的班子庄严向社会作出承诺，决心在任期内不贪污、不腐败、不卖官、不受贿……类似种种，都在说明一些官员的道德底线有后退到法律底线的迹象。

道德约束群体，法律制裁特例。当社会道德彻底沦丧以后，法律就会相当脆弱，纵然死刑再保留一万年，又能吓倒几个人？一个守不住道德底线的人，一定是只相信感官欲望的人，金钱、肉欲、名利便会成为其疯狂追逐的目标。于是做什么都不再需要规矩，不再需要负责任，不再需要约束，不再需要畏惧。当一个人什么都不怕了，就是最可怕的事，就可能陷入万劫不复的深渊。

领导只有公道、公心处事，正直、正派做人，才能充分显示出光彩照人的人格魅力，部属才会亲他、敬他，他才能在部属中树立一个德高望重的好形象。道德问题是关乎形象的大问题，任何一个领导干部都不可小视之。守住道德底线，决不让私欲和恶行越过它，是对每个领导干部最起码、最基本的要求。当然，仅仅守住道德底线是不够的，还应该加强品德修养，提升精神境界，努力追求高尚的道德情操，遵守社会道德准则和职业道德准则，争做道德高尚、品质端正的人，争做社会的道德楷模。

听真话与讲真话

领导干部爱听真话与敢于讲真话是有关联的。只有听得进真话，下属、同事、群众才会讲真话，才能收到“兼听则明”的好处。假如合口味的才听，不合口味的就斥责，那么谁也不会同你讲真话，而领导者本身就会变得闭目塞听，做出一些错事、蠢事来。并且，听不到真话，也就了解不到真实情况，即使本身具有讲真话的品质，也不可能讲出真话来。何况，不愿听真话的人往往是心存私念，很难指望其讲真话了。

应当说，大凡明智的领导干部，都是愿意听真话的。因为只有听到真话，才能了解实情，才能为制定科学决策提供可靠的依据。但也有一些领导干部是不愿听真话的，并且这种不愿意常常是导致假话盛行的一个重要原因。古代有一个叫裴矩的人，他在隋朝做官时是一个以阿谀奉承著称的佞臣，但归顺唐朝后，却成了一个刚直不阿的诤臣，深得唐太宗器重。对裴矩的前谀后诤这一奇怪现象，元朝名相拜统解释得既形象又透彻：“盂圆水圆，盂方水方。”裴矩在杨广这个“圆盘子”里，是个八面玲珑的谀臣；而在李世民这个“方盘子”里，就是个忠直敢谏的诤臣。可见，只要各级领导干部“求真若渴”了，讲真话的良好风气就会逐渐形成。

爱听真话，需要领导干部拥有民主作风和宽厚的胸怀及修养，也需要学会和练就识别真话、假话的本领，以避免用“非此即彼、非对即错”的形而上学公式去衡量人们的真话。宋人洪迈的《容斋随笔》里有个极好的例子：“曹操自击乌桓，诸将皆谏，既破敌而还，科问前谏者，众莫知其故，人人皆惧。操皆厚赏之，曰：孤前行，乘危以侥幸，虽得之，天所佐也，顾不可以为常。诸君之谏，万安之计，是以相赏，后勿难言之。”由此看来，曹操是懂得一点辩证法的。他知道，北征胜利虽可以证明击乌桓之举是正确的，但并不能证明那些主张缓征的谏言就一无可取、完全错误。因而他不但不揪别人的“辫子”，反而赞赏不已，奖掖有加。

爱听真话不容易，敢于说真话就更不容易。在现实生活中，一些领导干部惯于甚至乐于说假话。而说假话的危害，是有历史教训的。1958 年，中国大地上掀起了“大跃进”的浪潮。各行各业都不断提出了“跃进”的指标，一茬高过一茬；到处都捷报频传，一张胜似一张。粮食的高产捷报从亩产千斤到万斤，又从万斤到十万斤。略有经验的人都知道这是不可能实现的事情，偏偏很有经验的人，甚至有的科学家也绝少敢于道出真相。为什么？因为缺少胆量和勇气。

说真话，就是坚持实事求是，报实情，不欺上瞒下，不文过饰非，不弄虚作假，有问题敢讲，有缺点和错误敢于批评。说真话，首先要端正工作的指导思想。我们所做的一切工作，都是为了党和人民的根本利益，而不是为了谋取私利。说假话、报假情，是对党和人民利益极不负责任的表现。它只能糊弄一时，不可能持久。说真话，要有坚持真理的勇气，加强品德修养。孟子说："诚者，天之道也；思诚者，人之道也。"共产党人说真话是对党忠诚老实的表现，反之，就是对党欺骗。坚持实事求是，不唯上，不唯书，只唯实，汇报工作、总结经验，有一说一，有二说二，是一个共产党人应具备的基本的道德品质。要做到说真话、不说假话，仅仅具有坚定的志向和无畏的胆量还是不够的，还要掌握和吃透真实情况，通过深入艰苦的调查研究体察民情民苦；还要平等待人，至诚待人，和老百姓心贴心、心连心。只要老百姓真正不把你当外人，就一定会乐于、也敢于向你讲真话、诉真情。领导干部千万不能到一个地方，稍一观望，就把羽毛当天鹅，将现象当本质，瞎胡诌，乱拍板。要做到这一点，还要有必要的理论、政策功底和马克思主义的辩证思想，善于识真伪、辨黑白，摈弃片面性和绝对化。

爱听真话、敢讲真话，不仅是一个领导干部应该具有的道德品质，也是一个领导干部有力量、有信心的表现。所以，爱听真话、敢讲真话，理当成为各级领导干部共同遵守的准则。

切忌搞“小圈子”

“圈子”这个词现在非常流行。它是对利益相关、趣味相投、来往密切的同类人所划定的一个范围。艺人有艺人的圈子，商人有商人的圈子，普通人也有普通人的圈子。可是一个时期以来，“圈子”现象已经蔓延到了党政干部中间。

党政干部中的“小圈子”是一种不正常现象，是一种不正之风。尤其值得注意的是，党政干部中的某些“小圈子”在一定条件下很容易发展为利益联盟。某些人搞“小圈子”的目的，就是打着交朋结友的幌子，想从“圈里”捞取好处，达到权力的“利益共享”。这样的“小圈子”往往是以权力为纽带，以谋私为目的，或为了仕途顺利，不断升官；或为了彼此勾结，大发其财；或为了相互照应，互为利用。毋庸讳言，这样的“小圈子”已经成为滋生腐败的温床。

党政干部中的这种“小圈子”往往具有较大的隐蔽性，为反腐败工作增加了一定难度。有的领导干部与不法商人沆瀣一气，搞权钱交易，损害国家利益，却以招商、扶商的理由来掩饰；有的领导干部拉帮结伙，搞小团伙，却以搞好团结、联系群众为挡箭牌。凡此种种，不知情者很容易被迷惑。再加上随着中央反腐败力度不断加大，搞“小圈子”的人也越来越注意保护自己，感到“圈子”要尽可能“小”，但“圈子”里的人要绝对可靠，要成为“王八吃秤砣——铁了心”的哥们儿，因此，也增加了对“小圈子”发现和监督的难度。

虽然，党政干部中搞“小圈子”的是少数人，但是，“小圈子”的危害却很大，“圈子病”发展严重时就会破坏团结，涣散人心，动摇信念，影响党风和政风建设，老百姓对此深恶痛绝。就拿干部提拔、人员调整来说，一旦有“小圈子”，圈子内的领导干部必然首先选自己圈子内的人。戴着有色眼镜看人，透过“哈哈镜”选人，必然会将一些有用的人才或者领导认为不听话的人，清理出自己的小圈子，才不管什么干部政策、用人标准、知识能力，这样就很难选出真正的人才，也很难营造出清正廉洁、团结奋进的工作氛围。如果任由“小圈子”蔓延，不正之风就会越刮越盛，广大党员和人民群众就会对我们的党失去信心。

古语云：“君子群而不党，小人党而不群。”一个单位、一个部门、一个地方如果大家公认存在一个“小圈子”，那么，这个单位、这个部门、这个地方的工作、决策就会不正常。邓小平1989年曾讲过“小圈子那个东西害死人呐！很多失误就从这里出来，错误就从这里犯起”。党政干部拉帮结伙，搞“小圈子”，把江湖义气带到工作中来，就会很容易被一些别有用心的人利用，形成歪风邪气的温床，不光会影响党的形象，最终也会将自己葬送。

要彻底破除“小圈子”，不仅应加大干部异地交流和岗位交流的力度，更要加大对领导干部的监督力度。对干部的监督，不仅要监督八小时以内，还要监督八小时以外，特别要把监督的触角延伸到干部们的交际圈，去发现问题，并及时提醒，及时教育和训诫，防止“小圈子”形成。此外，还应加快选人用人体制的改革和完善，从制度上打破人身依附，做到民主决策、依法办事，防止由少数人说了算，使“小圈子”失去存在的价值。要严明法纪，对待腐败圈子要破圈捉蠹，将“小圈子”中的蠹虫一网打尽，决不允许腐败分子在党内有藏身之地。

“高飞之鸟，死于美食；深泉之鱼，死于芳饵。”远离“小圈子”，要求各级党员领导干部加强主观世界的改造，树立正确的世界观、人生观、价值观，增强自控能力，有效抵制诱惑。党员领导干部还要注意慎重交友，减少不必要的应酬交际，自觉地把宝贵的时间用在工作和学习上，做到光明磊落、堂堂正正，“宁可清贫自乐，不做浊富多忧”。

总之，党的干部，尤其是领导干部，从入党的那一刻起，就应该把自己的一切交给党的革命事业，就不应有任何私心杂念。要时刻牢记“立党为公、执政为民”的宗旨，团结起来，多谋富民之策，而决不能搞结党营私的事情，不钻入“小圈子”，更不能结“小圈子”。

乐于倾听　善于倾听

人与人之间需要沟通、交流、协作、共事，乐不乐于、善不善于倾听，不仅体现着一个人的道德修养水准，还关系到能否与他人建立起一种正常和谐的人际关系。是否乐于、善于倾听，是衡量一个领导者水平的标志，也是衡量其是否具有优良品质和修养的标志。不愿倾听别人意见的领导者，通常是刚愎自用、狭隘或自私、僵化的，无法获得大家的信任与理解。

乐于倾听群众的呼声，就能够真切地感知和把握人民群众的所思所想、喜怒哀乐，更广泛地察民情、知民意。这是一种情为民所系的精神境界。群众利益无小事。倾听群众呼声，就是把人民群众的要求和愿望当作执政用权的第一信号。领导干部应善于倾听群众呼声，自觉接受群众监督；广开言路，大兴调查研究之风，察民情、解民困，做群众的贴心人。

乐于倾听、善于倾听，问计于民，是一个重要的领导方法和工作方法，是民主决策的一个重要方面，制定政策、作出决策，不仅要倾听领导意见，还要倾听专家意见，倾听老百姓的意见。兼听则明，偏信则暗，是一条古训。倾听，最难得的是善于听取不同意见甚至反面意见。在工作和生活中，存在不同意见是很正常的。怕的是没有不同意见，怕的是只有一种声音。要善于倾听逆耳之言。人无完人，发自内心的提示与批评是一种关心和爱护，同时也是一种难得的帮助。压制不同意见，只能是死水一潭，充分倾听不同意见、倾听逆耳之言，才能形成生动活泼的工作局面。一个人如果长期听不到不同意见和逆耳之言，就应该反省自己的工作能力、人际关系和工作作风。

成功的人，善于听取别人意见。善听别人意见，才能虚怀若谷；善听别人意见，才能从谏如流；善听别人意见，才能集众人智慧于一身，照亮人生道路！开启“贞观之治”的唐太宗以善听臣子进谏闻名，他在魏征等人面前竖起了一双善于倾听的耳朵，方开启盛世，流芳千古；孔子也在骑青牛的老子面前竖起一双善于倾听的耳朵，耐心听从他的教导，方集得大智慧，流传千古！

杰出的领导者几乎都有善于倾听意见的特点。萧克在回忆任弼时的文章中这样写道：“弼时同志平等对人，善于倾听别人的意见，不管是平时或在会议上，也不管是别人说话唠叨甚至言辞激烈，他总是耐心地听，让人把话说完，不轻易打断别人。他坚持原则而不激动，议论不多而思虑周详。一边倾听，一边思考。”“当他考虑成熟以后，便‘城门’洞开、如见肺腑，令人心悦诚服。”日本松下电器的创始人松下幸之助把自己的全部经营秘诀归结为一句话：“首先要细心倾听他人的意见。”松下先生是用自己的实践来证实倾听的重要性的。在商品批量生产前，他要充分倾听各方面人员的设想和意见，在此基础上确定下一步的经营目标。由于他能充分认真地听取各个层次的意见，所以处理问题能够胸有成竹，当机立断，表现出敏锐的判断力。

倾听是领导工作特点所决定的。法国作家安德列·莫洛亚说："领导人应当善于集思广益，应当懂得应用别人的头脑。"他还援引黎塞留的话说："多听少讲有利于统治国家。"

倾听是一种姿态，是一种与人为善、心平气和、谦虚谨慎的姿态。有了这种姿态，就能做到海纳百川、光明磊落、心底无私。领导者乐于倾听、善于倾听，就能够不断汲取更多的智慧和力量，掌握先机和主动，切实把人民的利益实现好、维护好、发展好。

提升“人气”指数

所谓“人气”，就是一个人在社会群体中的威望。领导者的“人气”，就是领导者受下属关注、欢迎的程度，是领导者的专业技能、管理艺术、品行操守和个人魅力的综合体现。“人气”旺是做好领导工作的必备因素，是影响力强的重要表现。人们常讲“金杯银杯，不如群众的口碑”“这奖那奖，不如百姓的夸奖”，这些朴实的话语道出了极深刻的道理，把“人气”的内涵揭示无遗。

孟子云，天时不如地利，地利不如人和。领导者的个性和风格也许千差万别、各具特点。然而，优秀的领导者必有一种“人和”之气，他们做到了不怒而威、不令而行，通过人格魅力的释放，凸显出自己的非凡驾驭能力和开拓精神。对于领导者来说，努力提升自己的“人气”，也是执政能力建设的题中应有之义。

“人气”由何而来？它来自内强素质、外树形象。优秀的素质使人折服，良好的形象让人尊敬。任何领导者都必须对个人的形象负责，要十分在乎大家如何评价自己；同时，更应当对党的形象负起责任，时时处处为党争光。

要不断拓展学识魅力，提升自己在下属中的认可度。领导的学识方面的影响力和感召力，其实是一种榜样示范作用。一方面，领导渊博的知识、广泛的兴趣爱好、高超的管理才能、高瞻远瞩的战略意识、满腹经纶的学者风度，能从心理上影响下属，使他们获得一种积极向上的世界观、人生观和价值观；另一方面，领导者渊博的知识能从行为上引导下属，使他们产生学习兴趣，并在实际工作中运用和检验所获得的知识，从而提高工作能力。这种学识魅力往往就是无声的命令，能使领导者成为集体凝聚力的核心，下属充分依靠的“靠山”。

要不断修炼人格魅力，提升追随度。领导者的优良品质是提升“人气”最根本的因素。李贽曾说：“动人以言者，其感不深；动人以行者，其应必速。”人格就是力量，从一种更高的意义上说，这句话比“知识就是力量”更为正确。在杰出人物和平庸者之间，最显著的差异不是智商的高低，而是情趣、性格、态度和品质等情商因素的优劣。领导干部靠人格品行积聚人气，自身要具备优秀品质。好的品质并非生而有之，而是通过不断的思想改造得来的。领导干部要注重在实践中锻炼自己，检验自己，提高自己，正所谓“铄金索坚贞，洗玉求明洁”。诚实、正直和仁慈，这些品质并不与每个人的生命息息相关，但它却成为一个人品格的最重要方面。正如一位古人所说的：“即使缺衣少食，品格也先天地忠实于自己的德行。”具有这种品质的人，一旦和坚定的目标融为一体，那么他的力量就可惊天动地、势不可当，用这样的人格魅力去影响下属，其“人气”指数定会不断攀升。

要不断提高领导艺术，提升接受度。一个领导者要想胜任自己的工作，还必须掌握一定的领导艺术。在领导工作中，首先，领导者要具有刚性的“哲商”式制度管理观念，要加强工作制度的建设，最大程度地减少情感因素对领导行为的消极作用，从而保证领导工作的有序性和恒定性。在考虑下属独特的感受和认识、要求和主张的基础上，建立旨在鼓励班子系统内部各种力量共同参与领导活动的内部机制，充分发挥领导效能，改善融洽领导关系，形成良好的风气。其次，领导者还应追求一种柔性的亲情管理，创造出一种家庭式的和谐气氛，充分调动和发挥下属的积极性。要把自己和下属放在对等的位置上，关注下属的心智模式、目标需要，并努力使两者频率一致，达到共振的效果。

要大度宽容，靠气度胸襟凝聚“人气”。俗话说，宰相肚里能撑船。人们常用“大将风度”来称赞某些领导干部，所谓“大将风度”，是指襟怀坦荡，虚怀若谷，与人为善，自甘隐忍，以大局为重的气度和美德。领导干部靠气度胸襟包容“人气”，其一，要善于团结，形成合力。古人云：“同心山成玉，协力土变金。”一个事业心强、党性修养好的领导干部，一定是一个善做团结工作的人。其二，既要容人之短，又要容人之长。容人之短不易，容人之长更难。作为领导干部，要以博大的胸襟宽以待人，具备识才的慧眼，用才的气魄，爱才的感情。其三，要从善如流，弹好“钢琴”。忠言逆耳利于行。领导干部要从喜欢听好话、听舒服话的心态中解脱出来，不妨多听点不同声音，唯实求真，开门纳谏，胸怀广阔。

要不断加强风度修养，努力实现崇高与优美的统一。风度是具有个人特色的举止、姿态。领导者不仅需要具备社会人所应有的共同的风度美，而且还必须展示符合其特殊身份、职业的风度美。而领导者要给人以美好的印象，就必须做到服饰适宜，神态自然，举止得体，语言感人，宽容大度。只有如此，才能提高自己的亲和力和凝聚力。

气量也是一种力量

气量，指的是人的胸怀、眼光、度量，它是人的才识、品德诸方面所达到的程度和水平的综合体现。作为一名领导干部，要担当决策、用人、协调甚至统帅全局的重任，更要有气量修养，要有临危不惧、处变不惊、善纳直言、能够容人、胸怀坦荡、顾全大局的大将风度。“将军肩上能跑马，宰相肚里能撑船”，说的就是领导干部应有的博大气量。

气量能够反映出一个人的精神境界，气量越大，往往见识越高，涵养越好。蔺相如不惧声威煊赫的秦王，却甘受本国大将廉颇的羞辱。他之所以一忍再忍、一让再让，倒不是因为怕廉颇，而是因为他有“以先国家之急，而后私仇也”的境界。最终他也正是以这种远见卓识和博大胸怀感动得廉颇“肉袒负荆”，上门请罪。宏大的气量，使蔺相如站得高、看得远，能够为国家争志气，不为一己闹意气。

气量也是一种力量。气量是一个人取得成功不可或缺的内在力量。拥有大气量可成大事，小肚鸡肠难成事，古今中外，概莫能外。刘邦善用部下之长，才使自己夺得天下；项羽虽武功盖世，却因“自矜功伐，奋其私智”，专横跋扈，结果自刎乌江。秦皇汉武、唐宗宋祖等历史上的风云人物，在开创基业的过程中无不具有容人的雅量。类似种种，不胜枚举。因此，肩负历史重任的党员领导干部要有博大的胸襟，要有气量、有度量，能容事、能容人、能容话，不计自己对他人之恩，不计他人对自己之怨。

党员领导干部的气量主要体现在这样几个方面：不但要善于团结志同道合的人，而且要善于团结与自己意见相左的人，特别是反对自己的人。要受得住委屈，经得起“误会”，对相互间的纠葛和矛盾要善于淡化，善于遗忘，切不可以牙还牙，以怨报怨，要时刻以事业为重，以大局为重，有“度尽劫波兄弟在，相逢一笑泯恩仇”的雅量。要有容人纳贤的度量，敢于用那些比自己强的人，能容人之长、容人之功，更要善于容人之短、略人小过。正如刘邦所说：论运筹帷幄，我不如张良；论领兵打仗，我不如韩信；论筹划粮草，我不如萧何。但张良、韩信、萧何皆能为我所用。这正说明了人无完人，金无足赤，只有眼界开阔，胸怀开阔，才能团结各方面的人才一道干大事，成大业。

重事业、淡名利，不计较小事，是领导干部度量宽宏的实际表现，也是维护团结的重要条件。所谓计较小事，就是在个人名利、待遇、面子等非原则问题，以至于在鸡毛蒜皮的琐事上，争长竞短，斤斤计较。其实质是为个人争名、争利、争权、争面子，反映了不健康的权欲、名欲和私欲，这对团结、对工作、对个人的成长确实危害不小。领导干部只有严于律己，宽以待人，拥有宽厚的胸怀和气量，不计较个人得失，善于团结人一道工作，别人才会对你更加钦佩敬重，才能够产生巨大的感召力与凝聚力。

拥有宏大的气量，这就要求党员领导干部通过理论学习和党性修养，牢固树立“立党为公、执政为民”的思想，摆脱名缰利锁的羁绊，开阔自己的眼界和胸怀，跳出名、利、欲的诱惑。“计利当计天下利，求名应求万世名。”不斤斤计较个人一时的利害得失，不斤斤计较自己享受的条件和待遇，不为世俗的看法所左右，始终保持一颗平常心。只有把名利看得淡一些，把事业看得重一些，胸怀大志、思想超脱，才能摆脱因个人私欲难以满足而带来的苦恼，全身心地投入到工作、事业中去，真正达到“心底无私天地宽”的境界。

在气量方面，邓小平堪称楷模。早在1962年，小平就曾告诫我们说：“领导人度量要大一点。”到1989年他更加鲜明地提出，领导干部“眼界要非常宽阔，胸襟要非常宽阔”，并强调说，这是一个“最重要的问题”，是“最根本的要求”。《北京日报》曾刊登过一篇署名文章说，作者本人在“文化大革命”期间曾有过激行为，小平的长子致残与他有关。“四人帮”垮台后，他痛定思痛，写信向小平承认错误。小平不仅原谅了他，而且在恢复工作等问题上，还替他说了话。小平之所以有这样“能容毁誉风中过，坐看烟云笔底穿”的雅量，就在于他有以国家的前途和民族的命运为重的胸怀。如果我们每个领导干部都能以大局为重，以人民的事业为重，那么心胸也一定会博大起来。

对于领导干部来说，气量和胸怀是一种底蕴、一种境界，也是一种力量。雨果曾经说过：“世界上最广阔的是海洋，比海洋更广阔的是天空，比天空更广阔的是人的胸怀。”人间的事情，总是有得有失，有沉有浮。得失也好，沉浮也罢，关键是要有“海纳百川，有容乃大”的胸襟。人是要有点精神的，同样也是要有点气量的。党的各级领导干部，要始终坚持立党为公、执政为民，更要有开阔的胸怀、过人的气量。

理性地对待“面子”

“面子”这个词，包含的意义很丰富。从词典上看，面子的原意是指物体的表面，后引申为体面，指表面的虚荣，又借指情面。

爱面子并不全是坏事，关键看如何对待面子。正确地对待面子，能使人讲自尊、讲人格，能激励人积极进取、奋勇争先；错误地对待面子，则会使人好大喜功、弄虚作假、掩盖问题、害怕真理。

对领导干部来说，爱面子不是一桩小事。因为不同的“面子”观，可以折射出领导干部不同的世界观、人生观、价值观和荣辱观，可以反映一个领导干部是否树立了科学发展观和正确政绩观，可以反映一个领导干部的官德和人品。因此，领导干部应当理性地对待面子。

有面子与丢面子

领导干部注重自己的形象和面子是人之常情，无可厚非。但在现实生活中，不少人错把面子当尊严、当身份、当招牌，刻意追求所谓的“面子”，错把丢面子的事当成是有面子的事。譬如，为了所谓的体面，刻意塑造个人形象，各方面都要胜出：穿要高档名牌，住要够得上星级，行要有豪华坐骑。有的领导干部甚至把“礼仪”和“面子”意识发挥到了极致：出行不管远近，一律以车代步，否则就没“面子”；到了基层，一定要当地一把手陪同，否则就是不给“面子”；对下属和群众高高在上，大呼小喝，十足的“官老爷”，否则就没有权威，会丢“面子”……

领导干部如果缺乏起码的政治素质，死要面子，就很可能丢面子、没面子。贪官李真就非常注重自己的“面子”：有一次，李真到某市考察，该市领导正巧在开会，只好让李真在宾馆稍候，李真起身就走，并破口大骂，该市领导立刻中断会议，去追李真，造成李真的车在前面跑，该市领导的车在后面追的“壮观”场面。然而，曾经“风光无限”的李真，最终以贪污、受贿罪被依法执行死刑，还有何面子可言？

可见，越是政治素质不高的领导干部，越是能力不强的领导干部，越渴望自己有面子，越喜欢维护自己的所谓面子。表面上是在争面子，其实反映了他们的“里子”问题：是不正确的“官”念意识、强权思想在作怪，是虚荣权力观在膨胀，是缺乏实事求是工作作风的表现。

强要面子可能得不到面子。排场大、派头足、架子猛、档次高、待遇好，虽然让人感到很威风，可以满足一个人的虚荣心，但不会让领导干部长面子。如果认为从领导岗位下来很没面子，不正确对待，闹情绪，让群众看扁了，那才真叫丢面子。

真面子与假面子

领导干部追求政绩、政声和荣誉，属正常之举。但如果仅仅为了自己所谓的面子急功近利，弄虚作假，就可能为了假面子而丢了真面子。

一些领导干部，为了“面子”而置实际情况于不顾，为了“面子”死活不肯认错，明明错了，也要找个根本不相干的理由推诿搪塞。

海南省某市委书记上任不久，就停建了广场等诸多“形象工程”，取消了耗费巨大的烟花节，将所节省的资金投到了23个村庄，解决了当地群众的生产和生活用水困难问题。有人担心把这些工程停下来会影响该市的形象，该市委书记严肃地说：“群众的‘肚子’比领导的‘面子’重要得多!”

群众的“肚子”与领导的“面子”孰重孰轻？是优先考虑前者，还是只考虑后者？这反映出两种截然不同的政绩观。优先考虑群众的“肚子”者，一事当前，想到的是人民群众，代表的是人民群众的根本利益。那些只注重个人所谓“政绩”“面子”“形象”的人，表面上热热闹闹、风风光光，实则政治素质低下，那些好大喜功的“面子工程”“形象工程”更是经不起历史、实践和人民的检验，实实在在让政府和领导丢尽了“面子”。

领导干部为争面子付出的成本太高，带来的恶果很大。那些“面子工程”往干部脸上贴了金，却让干部失了人民群众的心。

群众的认可和拥护才是真正的面子。老百姓不给你面子，你就一点面子也没有。领导干部有多少政绩，群众最清楚。为自己的面子不顾百姓死活，只会在老百姓心中留下一副“鬼脸”。即使“光荣称号”有千百项，总免不了有让人识破真面目的那一天。为群众做了事，即使你不张扬，群众也会牢记在心。不做事，任你如何作秀，群众也不会买账。百姓心中有杆秤，他们会公正准确地称出做事与作秀的轻重。领导干部只要做出实实在在的政绩，老百姓自然会铭记在心。只有为群众所认可和称赞的政绩，只有赢得群众的赞誉和口碑，才是领导干部光彩的、长久的真面子。

大面子与小面子

面子可以分为大面子和小面子。所谓大面子，就是党的面子，人民群众的面子；所谓小面子，就是个人的面子。也就是说，涉及政治立场、党性原则的面子是大面子，体现在个人生活、伦理道德上的面子是小面子。一个领导干部如果不注意处理好大面子与小面子的关系，难免会栽跟头、犯错误。

重视面子，就应该正确认识面子。大面子一定要讲，小面子不一定要争，这是维护面子的基本原则。处在不同岗位上的人，对面子的不同态度，往往演绎出不同的人生。有的面子能给人增光添彩，有的面子则让人遗臭万年。

据报道，山西省某县交警大队的王某在执法时，没有按县公安局副书记的要求，对其战友的拉煤车放行，而是坚持按新交通法处罚，结果被副书记用拳脚“教导”了一番，不得不住院接受治疗。这位副书记之所以要教训小王，就是因为小王没给他面子，让他丢了面子。

这种行为其实是用个人的小面子否定了党和国家以及人民群

众的大面子。由此可见，面子问题，反映出的不仅仅是个人的喜好问题，也反映出一个人对党的忠诚、对人民群众的热爱程度问题。对于那些有损党和国家以及人民群众利益的“面子”，不要也罢！

不断增强“三种意识”

意识，是指导人的行为的，人的行为受思想意识支配。意识有选择能力，在一定意义上讲，意识是“掌管”人身体的主人，一个人有什么样的思想意识，就会做出什么样的行为。树立正确的思想意识，对于一名干部，尤其是一名党员领导干部来说，至关重要。当然，意识也有很多种，作为一名党员领导干部，我认为，不断增强以下三种意识显得尤为重要。

一是忠诚意识。忠诚是中华民族的传统美德，是一个人的做人之本，立世之基。从字面看，“忠”就是将心放在正中，不上不下，不左不右，对于自己所信守的言行，要做到坚如磐石、稳如泰山。所谓“诚”就是诚实、诚信，为人处世真心实意，说话算数，言行一致。忠诚是一种操守、一种品格，也是一个人活在世上的重要品牌。我认为，“忠诚”主要包括以下内容：无私奉献精神，在个人利益上不斤斤计较；勇于承担责任，工作不推诿，出现失误不找借口；善于站在组织的立场行动，即使在无人知道的情况下，也会主动维护组织的利益；决不利用自己的职务之便谋取私利；用实际行动证明自己的忠诚，对党员领导干部来说，忠诚不仅表现在对上级领导上，对下属以及他所从事的事业也应是忠诚的。

忠诚是共产党员，尤其是党员领导干部加强党性修养的一项基本要求。每一位共产党员、党的领导干部，做到“忠诚”就应按上述标准，努力做到说话实、工作实、做人实。说话实，就是要说实话、说真话、说有用的话，不说大话、假话、空话。工作实，就是要多办实事，办正确的事，养成立说立行的习惯，重视做小事。在工作中，一个人光有雄心壮志是不够的，更要脚踏实地、一步一个脚印地去实干。做人实，就是作风、品格要坦然、真诚。做事千万不要耍小聪明，凡事都自以为是，这后果往往会搬起石头砸自己的脚。

二是责任意识。所谓责任，是一个人的身份、职务要求他必须做的事，如果没有去做或者没做好，应受到相应的责任追究甚至惩罚。责任作为一种外在要求，一旦进入人的内心，成为人对自己的一种内在约束时，就变成了责任意识。应当说，每一个思维正常的人都有一定的责任意识。

具体地讲，责任主要表现在以下三方面：首先，角色就是责任。每个人在现实生活中都扮演着一定角色。每一个角色都有特定的责任，人的一辈子实际上就是活在责任当中，在尽责任的过程中走完人生旅程。其次，岗位就是责任。每一个岗位都有相应的责任，作为一名领导干部，要经常思考是不是真正地把本职岗位的要求把握住了，在本职工作中是不是将责任尽到了。如果一个人连岗位责任都不愿承担，这样的人是不足委以重任的。最后，职务就是责任。有的人认为当领导就是享受，是人生成功的表现。其实不然，领导在一定意义上讲，就是一种责任，当更高级别的领导就要承担更大的责任。没有这种意识的人是当不好领导的。当领导不仅要对自己负责，还要对上级、下属负责，对单位负责。任用是最大的信任，要经常认真反思自己是不是对得起组织，是不是履行好了岗位职责。身为领导干部，对自己要严格要求，少一些个人牢骚，多问问自己做得怎么样，干得怎么样，对工作有没有责任心。只有这样，才能更好地尽到责任。

三是原则意识。所谓原则，是指人们说话或做事应该依据的标准，是人与人相处以及整个社会得以维系的必要规范。党员特别是党员领导干部，应该具有非常强的原则意识，并且能够在工作和生活中贯穿这个意识。在具体工作中，我们经常会遇到这样那样的困难和问题，甚至多种困难和问题交织在一起，在不好处理的情况下，坚持原则是最正确的选择。人要放弃自己做人的原则是很容易的；而要坚持自己的原则有时会很难，但不管如何，原则是不能放弃的。

坚持原则，要培养坚定的党性，没有党性，就没有原则性，党员干部必须以贯彻党的路线、方针、政策，遵守国家的法律、法规为首要原则。要服从大局，有大局观念。不服从大局，就无原则性可言。要遵守党的政治纪律和组织纪律。没有政治纪律和组织纪律，对党的政策阳奉阴违，就是没有原则性的表现。另外，还必须努力提高自身的综合素质。没有深厚的理论功底，就不可能辨明方向，看清大局，也就谈不上坚持原则；没有胆量和魄力，没有无私无畏的宽广胸怀和高尚人格，就不可能很好地坚持原则。

荣誉是一面镜子

有哲人说，人世间什么东西都不能永恒，唯独荣誉永恒。因为荣誉在人的生命经纬中可以慢慢沉淀出它的价值。只有一心为公的人，才能在荣誉的记录簿上留下自己的美名；只有全心全意为党为人民努力工作的人，才有资格与荣誉的红色证书相匹配。

荣誉的价值，并不在于能给获得荣誉者带来什么直接利益，而在于说明一个人的贡献得到了社会和组织的承认。所以一个人能得到组织给予的荣誉，是一件值得引以为豪的事。一个希望自己对社会有所贡献的人，会把争取获得荣誉，看作是争取多作贡献的标志。

荣誉与世界上很多事物一样都具有两面性，它也是一把双刃剑。一方面，荣誉可以使人奋发。获得荣誉的人，如能正确对待荣誉，不把已有荣誉当包袱，从零开始，轻装上阵，继续努力，拼搏进取，创造新的业绩，就会获得更大荣誉。另一方面，荣誉可以使人消沉。获得荣誉的人，如果不能树立正确的荣誉观，荣誉成为包袱，自己心安理得，不再思谋进取，躺在功劳簿上睡大觉，就会无缘新的荣誉，愧对已得的荣誉。

众所周知，中国乒乓球队是世界强队，多次在国际比赛中夺得冠军。他们是怎样对待荣誉的呢？中国乒乓球队传诵着这样一句话："一切从零开始。"得到荣誉的同时，它就已成为过去，等在你面前的是新的征程。

老一辈无产阶级革命家用他们的宽广胸怀、高尚人格和无私境界，为我们作出了怎样正确对待荣誉的表率。红军长征胜利到达陕北吴起镇的第二天，彭德怀率领部队埋伏在险要之处，大败马家军骑兵，一举斩断妄图跟进陕北根据地的"尾巴"。为此，毛泽东特写下"山高路远坑深，大军纵横驰奔。谁敢横刀立马，唯我彭大将军"的著名诗句。彭德怀看到后，当即把第四句改成"唯我英雄红军"，把功劳荣誉归功于广大官兵。1955 年，许光达在得知自己将被授予大将军衔的消息时，感到不安，立即给中央写了一封《降衔申请》，请求中央只授予他上将军衔，另授功勋卓著者以大将。许将军在荣誉面前选择"让"，其精神难能可贵，值得我们学习。许多志士仁人及革命前辈在荣誉这块镜子面前映出来的是宽广的胸怀、光辉的品格、高尚的人格和无私的境界。

古人说："荣辱造化，特以戏人，一毫着意，便属桎梏。"在现实生活中，不可否认，有的人对荣誉看得很"重"，不能正确对待个人得失，有了荣誉就骄傲自满，得不到荣誉就怨天尤人，甚至采取不正当手段谋取私利，进而引发各种问题，走入人生的歧途。有的领导干部把取得的成效和业绩都记在了自己头上，于是，便产生不平衡心态，总感到自己的所得和付出不成比例，认为自己付出的太多，得到的太少，从而大肆贪污受贿，最后滑到违法犯罪的深渊。有的认为自己为国家作了不少贡献，可收入就那么点，家庭的小日子也过得不宽裕，结果心态失衡，产生不捞白不捞的想法，于是贪污受贿，一发不可收拾。在这些人看来，荣誉和功劳都是自己的，因而，在荣誉这块镜子面前，他们照射出来的是自私的心态、卑劣的心灵、狭隘的人格和丑陋的灵魂。可见，记错“荣誉账”，以及错误的荣誉观，对人贻害无穷。

陈云在《要讲真理，不要讲面子》一文中指出：“任何人离开了人民，离开了党，一件事也做不出来；一个人为党做好工作，这是应该的，有了成绩，头一个是人民的力量，第二是党的领导，第三才轮到个人，这样的次序是不能颠倒的。”任何领导干部，如果脱离组织、脱离集体、脱离群众，都将一事无成。但有些同志对这个问题认识并不正确，工作有了点成绩，就沾沾自喜；为单位发展作了点贡献，就伸手向组织要官位、要荣誉，甚至把取得的一点成绩作为向组织讨价还价的筹码。一旦不能如愿，就觉得组织对自己不公平，心理严重失衡，从而怨气冲天，千方百计为自己捞好处，甚至走向犯罪的深渊。

作为领导干部，应该知恩、知足、知责，经常想想革命老前辈，不断洗涤思想灵魂，升华人生境界，少些埋怨，多些理解。以忠诚之心对待组织，以平常之心对待名利，以奉献之心对待事业，以俭朴之心对待生活，始终以强烈的使命感和责任感，以饱满的精神状态投入到工作中。我们应该铭记陈毅的诗句：“第一想到不忘本，来自人民莫作恶。第二想到党培养，无党岂能有所作……九牛一毫莫自夸，骄傲自满必翻车。”

作为领导干部，要树立正确的荣誉观，首先，要牢固树立正确的世界观、人生观、价值观，堂堂正正做人，认认真真做事，“不以誉喜，不以毁怒”，平静对待荣誉。其次，应该树立强烈的革命荣誉感。革命荣誉感表现为光荣感、自豪感和对革命事业的高度责任感，是无产阶级的先进性和革命英雄主义精神的体现，是激发人奋发进取的一种巨大精神力量。有强烈荣誉感的人，好学上进，工作勤奋，勇于创新，甘于奉献；而没有荣誉感的人，就会甘于平淡，无所事事，自暴自弃，做一天和尚撞一天钟，甚至走上邪路。最后，领导干部在工作中应把党和人民的利益放在前面，吃苦在前，享受在后。应该始终牢记自己的责任，加强服务，甘于奉献。

棱角·个性

物有棱角而露锋芒，人有个性而显风骨。按理说，作为一名现代领导者对有个性的干部应当亲之、近之、善待之。但现实中有些干部因为“个性比较强”，虽多有才华却易折戟沉沙，而个别比较平庸者因其“完美无瑕”往往被重用。

那么，领导干部应当如何看待部属的个性、用好那些有个性的干部呢？

一是要正确认识和看待干部的个性。一位哲人说过，世界上没有两片相同的树叶。世上每个人都是各具特色的。所以，领导干部不能以自己的脾气、喜好去“套”用部属，求得千人一面。对有个性的部属不应求全责备，应善于用其所长。

二是要有博大的胸怀，能够容忍有个性的干部。从某种意义上来说，干部的个性也是财富，因为有个性才会更有创造性。当然，至于对那些与党性原则和组织纪律相违背的“个性”，理当毫不留情地帮助其予以改掉。领导者要有用才之心、识才之举、容才之量，尤其要听得进逆耳之言，容得下有个性的干部。

三是要竭力保护好干部的个性。要创造一个适宜于干部个性发展和发挥才智的环境，应努力做到允许有个性又有才能的干部讲错话、犯错误，甚至冒犯领导。对有个性的干部要正确评价，注意保护其自尊心和自信心：要鼓励支持，注意保护其事业心和积极性；要严格要求，增强其自觉性和自制力。

四是要精心引导好有个性的干部。重视引导其树立正确的理想和目标，并为实现这个目标锻炼能力、提高素质、不懈奋斗；引导其加强个性修养，提高待人处事的艺术；引导其虚心向他人学习，取长补短，尽善自身。

五是要善于使用好有个性的干部。大凡“人才”，或多或少都有些缺陷。要充分发挥其作用，关键在于避其短而扬其长，也就是说要努力做到合理使用；要努力做到予其所好，使其乐在其中，专心专意干自己的事；要恰当安排其职位、岗位，有的适宜搞管理，就不要让其去搞业务，有的适宜搞学术研究，就不要勉强其担任行政领导职务。

营养心灵

人的心灵就像土地一样，也需要不断施肥、灌溉，以增加营养。否则就会干涸、日渐瘠薄，生长不出茁壮的庄稼。

给心灵增加营养的方式多种多样，比如阅读、经历、体悟等，但读书则是最便捷、最有效、最实际的一种方法。

“腹有诗书气自华”，一个人的精神成长，与其阅读情况是息息相关的。“人若不读书，则尘俗生其间，观镜则面目可憎，对人则语言无味”，一个不爱读书的人肯定容易缺失人文精神。列宁说：“书籍是巨大的力量。”高尔基说：“书籍是人类进步的阶梯。”培根说：“读书足以怡情、足以博采、足以长才。”

世上能识字、会读书的人，一般都拥有“三个世界”，即：过去、现在和未来。而不识字、不爱读书的人在时间与空间上与之比较自然就相距甚大，至少对过去和未来知之甚少，尤其是现代社会，一个文盲，一个不读书的人，恐怕自身生存质量都是大问题，更不可能做出许多有益于社会进步的事情来。

人们从小储存的知识，不时地在遗忘，唯有养成每天读书的习惯，知识的宝库才不至于枯竭。何况世界发展日新月异，知识及书籍成倍增长。据统计，15 世纪出版图书 3 万种；16 世纪出版图书增加到 25 万种；19 世纪出版图书激增到 700 万种；20 世纪出版图书激增到2500万种。全世界人口从1750—1950年只增加2倍，而书籍却增加了800倍。据联合国教科文组织的资料表明，1950—1970年，在这20年里，按图书品种计算，增加了1倍，按册数算增加了2倍，这些书籍给人们提供的各种信息相当于过去3000年的总和。此外，现在全世界已有10万多种科学杂志，整个地球上每年增加图书在6000万页以上。仅科技图书，一分钟就印刷3000页。仅化学这一学科，每年发表的论文就有40万篇，假若一个人每天读一篇，也得读1100多年。

读书又是一门奥妙无穷的学问。有的人读书并不是很多，用起来却得心应手，显得颇有学问；有的人手不离卷，但成效甚微，一旦用时，便捉襟见肘。这里面就有一个能读书和会读书的问题。南北朝时，有个名叫陆澄的学者，从小好学，“行坐眠食，手不释卷”。他读了三年《易经》，背得滚瓜烂熟，对书中的道理，却说不出个子丑寅卯来。他立志要编一部《宋书》，鼓了一辈子的劲儿竟没完成。当时的另一个学者，尚书左仆射王俭和他开玩笑说：“陆公，书橱也。”意思是说陆澄像个书橱，表面看“藏”书不少，其实是食而不化，不能算是会读书。读书需讲究方法，最重要的是要学以致用。但读书历来是没有固定的模式，也没有统一的标准，大概有效、管用便是最好的方法。

凡是对身心有点益处的书籍，都可以阅读。读书最大的好处在于能开阔人的心胸和思维，能增长见识，能提高才干，也能医治俗气。当然，万万不可只读闲书，而应多读些与工作以及与个人修养有关联的书籍。在阅读的过程中，还应学会欣赏与批判并重，吸收借鉴和思考运用并重。此外，还须注重阅读“无字之书”。

一个人不爱读书，总有种种理由。“春天不是读书天，夏日炎炎最好眠，等到秋来冬又至，不如等到来年时。”其实，读书是四季咸宜的。关键在于要成为自身的一种认识、一种需要、一种习惯、一种生存方式。领导者应用“挤”和“钻”的劲头对待读书，尽可能少些应酬、多读一些书籍，应保持对阅读如饥似渴的良好状态，真正把读书当作自身工作的一部分、生活的一部分、生命的一部分。

有一位诗人说得好：“每个人都有一位永远不变心的朋友，一笔永不消逝的财富，一眼永不枯竭的清泉，一支永不熄灭的火炬，那就是书。”读书吧，不为别的，只为滋养自身干涸而浮躁的心灵。

呵护好自己的精神家园

领导者作为一名生活在复杂社会群体中的个体，有时难免也会发生心理失调，严重时甚至会产生心理障碍或心理疾病。因此，如何维护和保持心理健康以及在心理失调时恢复心理平衡，真正呵护好自己的精神家园，是一桩很重要的事情。

那么，如何才能呵护好自己的精神家园呢?

首先，需要充分调动“健商”，养成健康的生活方式。“健商”新概念包含着人对于健康的智力运动，适应了社会发展的趋势。它要求人们用心地、智慧地对待自己的健康。西方有句谚语叫“健全的精神寓于健康的身体”。任何一个人如果疾病丛生、神不守舍，那么其精神、心理健康也就无从谈起。所以，如何正视在现代社会中不断出现的新问题，选择有规律的、更适合自己的生活方式，从整体上把握自己的身心健康，减少生理、心理疾病的侵染，是人们必须特别重视的问题。众所周知，不健康的生活方式和不良的卫生习惯会对人体健康带来严重的危害。许多常见病、多发病，如高血压、高血脂、高胆固醇、糖尿病、冠心病、溃疡病，甚至癌症、艾滋病等都与人们不健康的生活方式和不良的行为习惯密切相关。崇尚享受、奢华、无节制的吃喝玩乐，对钱财物质无休止的贪欲，以及由此带来的高度紧张和不安，无疑会加重人的心理负担。而健康的生活方式和良好的卫生习惯则有利于促进人的身心健康。所谓健康的生活方式，一般应包括以下四方面内容：一是一日三餐，平衡膳食，每天坚持吃早餐；二是控制体重，保持在正常水平；三是适量运动，每周至少有3—4次体育锻炼；四是争取不吸烟、少饮酒。

其次，需要不断提高自我修养，努力保持良好的精神状态。个人的自我修养是决定其心理是否健康的最重要的因素。作为社会生活中的个体，必须调整好自我观念，树立正确的自我意识，能接纳自我和不断完善自我，并且能够调整好自己的情绪，做到心理平衡。此外，人的精神状态还与人的情绪有着密切关系。领导者应当学会调控和驾驭自己的情绪，及时排除各种不良情绪，如愤怒、焦虑、恐惧、抑郁等。应树立情绪是可以控制的观念和信心，有意识地控制情绪，而不能让情绪自由放任。实际上，心情好坏很大程度上要依赖个体的主观感受和自我调控能力。

再次，需要合理调节自我心态，正确对待挫折，以积极的心态对待事物。领导者往往处于矛盾焦点之中，自然会遇到许多困难和挫折。一个成功者身上的创伤往往要比失败者身上的创伤更多。而对挫折的承受力既同自身的状况有关，又同个体的心理素质，如认知水平、经验和意志力等相关。见多识广、眼界开阔的人，能正确认识和估量挫折的意义和分量，提高承受挫折的水平；经历过种种挫折和磨难的人，一般都有承受挫折的经验和信心；意志坚强的人，承受挫折的能力也更强。遇到挫折时，应以积极乐观和辩证的观点、态度看待事物，善于从失败中看到成功，从黑暗中看到光明；应冷静分析产生挫折的原因，寻找使自己因挫折造成痛苦心情的解脱办法；应善于从挫折中吸取教训、积累经验、振作精神，以使今后的人生道路走得更顺利。总之，世界上的一切事物都是变化的、发展的。只要保持积极的心态，努力促进事物的发展，任何事物都可以向积极的、有利的方面转化。

最后，需要积极参加社会活动，培养良好的人际关系。事实证明，人际关系最能体现和反映人的心理健康状况。一个人，如果能不断感受到人情的温暖和爱的温馨，就会心情愉快；如果经常感到人际关系的矛盾和斗争，就会心情沮丧和痛苦。建立良好的人际关系，对领导者的身心健康、工作顺利进行都是十分重要的。而要建立良好的人际关系，需要以诚待人、与人为善，对别人尊重和信任；对人宽容，不可苛求；相互帮助，乐意成人之美。

从传统文化中汲取心理调治的营养

虽说心理学只是近现代才产生于西方社会的一门学科，但从心理调治的角度来看，中国传统文化中包含有许多极具实用价值的珍贵内容，我们理当去粗取精、去伪存真，从中获得营养。

当然，中华民族历史悠久，传统文化博大精深，包括中医、武术等部类中也有不少关于心理调治的内容，可供借鉴的东西，可谓多多。考虑到传统文化的固有分野，本文只从儒、道、佛三个方面进行一些探讨。

首先，要重视儒家思想对领导者心理调治的作用。众所皆知，作为中国封建社会的主导意识形态，儒学特别注重对人心理和思想的控制和引导。为此，它提出了一系列调节和修治心理的理论和方法。这也就是儒学中经常讲到的“诚意”“正心”“修身”“立德”“复性”“存理灭欲”“发明本心”和“致良知”等。这些内容对今天的领导者同样具有相当强的参照和借鉴功能。特别是“以诚信对治诈伪”“以公心对治私心”和“以仁心对治毒心”，对当代领导者的心理调治仍有较大的帮助。

诚信是儒家最为重视的伦理规范，也是儒家修心最为重要的原则。“人而无信，不知其可也”“诚者，天之道也；思诚者，人之道也”“诚者，自成也”。当今的领导者仍然应当充分认识到诚信是发挥自己、调动别人、做成事情的重要前提。而领导者自身诚信意识的加强，对全社会形成良好的诚信风气具有强大的推动作用。儒家还非常注重“公”的问题。“公生明，偏生暗”，“公道达而私门塞矣，公义明而私事息矣”。公心是善良、正义的体现，也是天理的要求，同时也是做人做官的基本规范。公心能使人保持清醒的头脑，并且受到群众的欢迎和爱戴；而私心则会使人心受到蒙蔽，也会引起各种各样的矛盾和争夺。当今的领导者仍然需要充分认识到这一点，努力掌握用公心对治私心所必需的心理力量。此外，在传统儒家精神资源中，最引人注目的是“仁”的思想。《论语》中，“仁”出现过 104 次。“仁”体现对别人的“爱”，“仁”作为一种高尚的心理境界应努力保持。当今领导者仍应重视培养自己的仁心，自觉剔除自身的不仁之处，努力在全社会建立健全仁爱的氛围。

其次，要重视道家思想对领导者心理调治的作用。传统道家思想中同样包含着大量有关心理调治的内容，尽管其本身的目的指向不是一般的健康人格，而是超脱、飘逸，具有大智慧的“圣人”“真人”“神人”，但人们还是可以从中抽绎出对今天健康心理培植有益的许多内容。比如：“以相对的心态对治绝对的心态”“以自然淡泊的心态对治执着争抢的心态”。

所谓相对的心态是指观察问题、思考问题、处理问题时从两个方面着眼而不是固执一端的意识。所谓绝对的心态恰好相反，即固守一极、不能以矛盾的观点来思考和实践的一种意识。毋庸置疑，前者是一种辩证意识，后者则是一种形而上学意识。而当领导者心理中包含着相当值得注意的绝对意识，教条主义、自信心过度、固执己见、独断专行则是其表现。因而应认识到任何事物的相对性，认识到祸福、难易、真假、是非之间的相互关系，认识到固执己见、自以为是的错误，从而保持清醒、冷静的辩证心态。与此同时，道家的人生态度是自然无为、宁静淡泊，而领导者往往容易生出许多执着争抢意识。道家自然淡泊意境对过分的争抢意识的调解也是有帮助的。

最后，要重视佛家思想对领导者心理调治的作用。佛教中具有博大精深的心性修养内容，比如："用忍炼心""用舍宽心"，这些对当今领导者的心理调治仍有一定的作用。

忍的意旨，在锻炼自心，令其坚韧不动如磐石，风吹不移，雨打不入，在任何情况下都平静不动摇，临危不惧，临乱不慌，临难不惊，遇谤不怒，赞誉不喜，胜而不骄，败而不挫，成功不自满。这些对于人的心理忍耐力的认识是有帮助的，当今领导者在名利面前忍耐一些是有利于事业成功的。舍，是指舍弃盘踞在心中的贪占、嗔怒、嫉恨等烦恼和忧愁、焦虑、散乱等不良情绪。当今领导者同样应培养自己勇于舍弃的意识，认识到人的时间有限、精力有限、能力有限，学会适当地舍弃是必要的。从而在内心真正保持取舍的辩证意识。

毫无疑问，上述这些只是一些基本的内容，儒、道、佛三教所积蕴的丰厚内涵有许多尚未涉及，需要人们以客观、理智、科学的唯物主义去对待、去借鉴。

用诚信铸造友好的大厦

一位外国领导人曾经说过：在国际关系史上，没有永恒的朋友，只有永恒的国家利益。如果有人认为这句话也适用于人际关系的话，那就大错特错了。事实反复证明，人们愿意与诚实守信的人交往。有句话说得好："你可以在所有时间欺骗一个人，也可以在一个时间欺骗所有的人，但是你不可能在所有的时间欺骗所有的人。"

诚信的基本含义是守诺、践约、无欺。通俗地表达，就是说老实话、办老实事、做老实人。一个诚实的人必然会讲信用，一个讲信用的人一定是诚实的人。两者相辅相成，互为一体。诚实与信用，都是做人之本、成事之基。古人说过"君子养心莫善于诚""巧伪不如拙诚""以诚感人者，人亦以诚而应"。诚实的核心是真，其反面是欺骗、是虚伪。诚实是一种非凡的自信，是力量的象征，是把握了正义和真理的一种大度和坦诚。诚实是做人的起点，也是做人的归宿。离开诚实二字，就没有资格奢谈情操、襟怀、气节、教养等，自然也不会是好朋友，更不会是个好干部。重诺守信，同样是中华民族的传统美德。孔子说过，"人而无信，不知其可也""言必信，行必果"，这是中国人与他人交往过程中的立身处世之本。《庄子·盗跖》讲有个青年叫尾生，与某女子相约于桥下，女子未来，大水突泄，这青年竟抱梁柱而死。讲的就是重诺守信，尽管听起来觉得有些迂腐，但尾生这种重诺守信的精神是令人感动的。毫无疑问，人与人之间要是没有信誉、不讲信用，就会寸步难行。

真诚与守信在人际交往中具有第一位的重要意义。因为交往最基本的心理保证是安全感，没有安全感的交往是难以发展的。只有抱着真诚的态度与人交往，才能使对方有安全感，从而容易引起对方情感上的共鸣。与此相反，若一个人虚情假意，口是心非，那么交往中就会让人感到不安全，时时处处小心翼翼，就不可能相互理解和信任。安全需要仅次于生理需要，是人最基本需要的一种。同时，由于生理需要是一种对人际关系依赖程度很小的需要，更显示出安全需要在人际交往中的重要位置。也就是说，一个不能给人带来安全感的人，无论他在其他方面是多么的优秀，都是不容易被人接受的。

总之，诚信是人际交往的根本，也是人与人之间建立信任和友谊的基础。在交往中，只有双方都心存诚意，才能互相理解、接纳、信任，感情上才能产生共鸣，交往关系才能得到保持和发展。现实中，要有所作为，要为人所尊敬，就必须在工作、学习和生活中，说老实话，办老实事，做老实人，实事求是，讲究实效，勤奋上进，任劳任怨；要在人际关系上，光明磊落，坦诚相见，言行一致，表里如一。

善于从追求完美的诱惑中摆脱出来

完美主义是一种人格特质，心理学家巴斯克认为具有完美主义性格的人通常有下列特性：注意细节，要求规矩，缺乏弹性，标准很高，注重外美的呈现，不允许犯错，自信心低落，追求秩序与整洁，自我怀疑，无法信任他人。哥伦比亚大学的心理学家赫维特曾经把完美主义性格分为三种类型，即：要求自我型的完美主义者给自己设下高标准，而且追求完美的动力完全是出于自己；要求他人型的完美主义者为别人设下高标准，不允许别人犯错误；被人要求型的完美主义者追求完美的动力是为了满足其他人的期望，总是感觉自己被期待着，时刻都要保持完美。

现实生活中，完美主义者往往以完美作为为人处世的衡量标准和唯一关注点，总是给自己和他人设定过高的标准。当人、事、物令他不满意时，他就会产生不良情绪，甚至厌恶和斥责。过分追求完美的人，内心深处还往往有一种不安全感和自卑感，害怕被别人拒绝或否定。为了避免不完美，他们不惜多花许多时间、气力去做事情，结果降低了自己的生活效能。很显然，背负着如此沉重的精神包袱，不用说在事业上难以成功，而且自尊心、家庭问题、人际关系等方面，也不可能取得满意的效果。他们抱着一种不正确和不合逻辑的态度对待生活和工作，他们永远无法让自己感到满足，每天都是在焦灼不安中度过。

在领导干部中，也有一些完美主义者，事事追求完美，但常常陷入失望、自责、怨天尤人、止步不前的境地。其实，世上每一个人，不管你的智商多高、能力多强、本事多大，都不是神或者超人，都会有人性的局限、人生的无奈和脆弱的时候。当期待中的自己与现实存在着巨大的反差时，当追求是个永不能及的目标时，当发现自己原来也不过是芸芸众生中很平常的一个时，那么将会屈服在“完美”欲望的魔杖下，成为一个疲惫的、不快的，甚至是十分痛苦的人。严格地说，完美主义是一把“双刃剑”，有利也有弊。一方面它是使人不断向上的动力；另一方面这种对完美的追求也是一个沉重的包袱，在现代社会的多方面压力下，它让完美主义者看到自己对现实的无能为力，从而变得急躁、自卑，甚至急功近利。它不仅使完美主义者本人觉得痛苦，更糟糕的是这种个性也会影响周围的人。一位具有完美主义性格的领导，可能会对下属也有同样的高标准与期待，这样往往搞得下属紧张兮兮。事实说明，事事追求完美是一桩痛苦而不切实际的事情，它就像毒害你心灵的药饵，只会给你带来挫折、失败和痛苦。因为这个世界本来就不是完美的，过去不是，现在不是，将来也不是，它本来就是以“缺陷”的样式呈现在世人面前的。宋代大文豪苏轼曾写下了这样的诗句：“人有悲欢离合，月有阴晴圆缺，此事古难全。”而“此事古难全”中就蕴含着这样一种“缺憾性”的哲学思想，这同样可以启发我们正确认识和对待工作、生活中的不完美。

那么，领导干部到底应当如何从追求尽善尽美的诱惑中摆脱出来呢？首先，应对自己的潜能有一个正确的估计，既不要估得太高，更不必过于自卑。千万不要对自己太苛刻，工作上给自己定一个“跳一跳，能够着”的目标较为合适。平日，只要对得起自己的努力和良心即可，而不要太在意上司和同事对自己的评价。其次，要重新认识“瑕疵”和“失败”。应当明白，没有“瑕疵”的事物是不存在的，盲目地追求一个虚幻的境界只能是劳而无功。能认识到自己有种种不足并能宽容待之、努力改之的人，可以说是自信的，心态也是健康的。苛求完美无异于追求痛苦，平庸的人类是世界的主体，人因为接纳生活的平庸，于是感激奇迹，因为感激奇迹而热爱生活。

狼与死象

一只死去的大象静静躺在幽僻的恒河边，正巧被一只出来寻觅食物的狼看见了。狼高兴地想："哇，我今天运气真好！"它快步来到大象身边，并用力朝着象鼻咬了一口，但是象鼻硬得就像根木头，狼生气地破口大骂："这是什么鬼玩意儿，居然咬不动！"于是，它回头去咬象耳，没想到还是咬不动，转到象的腹部仍然咬不动。它东咬一口，西咬一口，大象的全身几乎都咬遍了，仍然没有找到可以被咬下一口的部位。它哀怨地说："我的天，我快饿死了，怎么没有一个地方咬得动呢？"最后，它找到了大象的屁股，再次用力一咬，这回居然咬动了，而且咀嚼起来就像刚刚活捉的小羊的肉，既松软又可口。这会儿狼开心地自言自语说："这才像样，看来大象身上最柔软可口的地方只有这里了！"这只贪吃的豺狼从大象的屁股开始，不断地往里头钻食。它从屁股吃到了象肚，当它吃完象的内脏，喝了几口象血之后，便舒服地躺在象肚里睡着了。它醒来时，想了想："住在这个象肚里有得吃，又有得住，何必再去别的地方找食物呢？"就这样，狼在象肚里舒舒服服地住了下来。只是它没有料到，在烈日的照射下，大象的尸体开始紧缩，特别是送入空气的肛门处已经越缩越小。终于有一天，狼醒来时，象肚里居然一片漆黑。其实在这之前，象肚里的肉质早就变硬，象血也早已枯竭了，但是已经安逸于象肚里的狼一点也没在意，直到伸手不见五指时，它才警觉到大事不妙。狼发现出口不见了，感到万分惊恐，不停地在象肚里东突西窜，又撞又踢，只是不管它怎么撞，就是撞不出一个逃生的出口。直到有一天，天空下了一场大雨，象尸因为浸泡在雨水中，全身开始发胀，不久肛门也松开了，透进了一点微光。狼看见这点微光，开心地来到肛门口说："得救了！"只见它用力地冲向出口，终于拼命地钻了出来，只不过，因为用力过猛，它身上的毛居然全被象皮给磨光了。它逃出象肚，立即奔到河边喝水解渴，这才从河的倒影中发现自己居然全身光秃秃的。狼叹了口气，说："唉，都怪我太贪心了，现在弄成这副德行，怎能见人呢?"

生活中许多人就像故事里的狼，一旦生活在舒适、安逸的环境中，不仅容易失去理性的判断，丧失应变能力，也会让自己不自觉地朝着陷阱走去。法国杰出的哲学家卢梭曾用一句特别经典的话来形容现代人的物欲，他说："10 岁时被点心、20 岁被恋人、30 岁被快乐、40 岁被野心、50 岁被贪婪所俘虏。人到什么时候才能只追求睿智呢?"的确，人心不能清静，是因为物欲太盛。人的私心、贪婪，常使人跌倒，不少人都是重重地跌在自己恶念的祸害里。事实上，我们所拥有的并不少了，而仅仅因为欲望太多才使自己不满足，甚至憎恨别人所拥有的或期望比别人拥有更多，以致心理产生忧愁、愤怒和不平衡。欲望太多，就会导致心理贫穷！

切莫忽视历史素养

历史知识和历史观是衡量领导素质的一个重要方面，要成为一名合格的领导干部，不可以没有历史素养。

历史是经验性的知识，这种知识是具体的，每件史事和人物都有不可代替和不可重复的特质，人们正是从个案的历史事实中感知历史存在的脉搏。历史学是按照时序对客观存在的史实进行考察的学问。它向人们提供事物发展的普遍规律，从源流和因果关联中把握事物发展的趋势。所以历史和现实虽然并不共处在相同的时代和社会环境，但又有相似、相联的共性，可以查考、发掘、推想。政治家参照它治国理政，军事家从中借鉴战略、战术，平民通过学习历史增长知识和才干。

一个素质好的领导者，应该是历史知识丰富而又有正确历史观的人。马克思主义的创始人，首先就是从对人类历史的研究着手，创立了历史唯物主义、辩证唯物主义，从而使无产阶级有了一个改造世界的锐利武器。列宁说过："要获得胜利，就必须懂得旧资产阶级世界的全部悠久的历史。"邓小平指出："没有前人或今人、中国人或外国人的实践经验，怎么能概括、提出新的理论？"可见，历史方面的素养是体现干部素质一个相当重要的方面。而光有渊博的历史知识还不等于有较高的历史素养，关键还要有科学的历史观，要尊重历史和历史发展的规律。这也正是我们的干部素质在历史素养方面表现不同于其他阶级官吏的地方。

毫无疑问，通过对历史知识的学习，领导干部可以加深对人民群众历史作用的了解，摆正群众、政党、领袖之间的关系。通过对历史知识的学习，可以提高识人、用人的艺术。在历史书籍中，关于求贤若渴、礼贤下士、知人善任的理论和历史故事比比皆是。秦穆公“素服”迎败将，燕昭王“千金买骨”，刘备三顾茅庐，以及周公“一沐三捉发，一饭三吐哺”的热情，西汉萧何“月下追韩信”的真诚，东汉时期陈蕃“悬榻伏侍徐稚”的躬谋等，一直被传为千古美谈。除这些生动的历史故事外，还有许多值得借鉴的用人观念和选才思想，诸葛亮“治国之道务在举贤”的思想，王安石“不责人以细过”的观念等。这些都能给人启迪。通过对历史知识的学习，能够接受从谏纳言的思想，正确对待下级的批评，接受下级的意见，从而提高自己的领导水平。秦穆公、齐庄王、唐太宗、明太祖均以善于纳谏闻名。历史书籍中的晏子借棋进谏，邹忌讽齐王，触龙说赵太后，魏征敢批逆鳞，他们的意见或建议被当时的执政者采纳而没有遭到像比干因进谏而被殷纣王挖心，伍子胥因进谏而被吴王夫差赐死，商鞅因变法而被车裂那样的命运，是与当时执政者善于从谏纳言分不开的。通过对历史知识的学习，能够加强为官清廉的意识。“天知、地知、你知、我知”拒贿的杨震，“不愿为五斗米折腰”的陶渊明，“为官不为民做主，不如回家卖红薯”的徐九经，“先天下之忧而忧，后天下之乐而乐”的范仲淹等，千百年来一直为人们所称道。

“前事不忘，后事之师”“以古为镜，可以知兴替”。读史让人明智，读史可以资政。没有历史素养的领导者，就难以真正拥有较高领导水平和艺术，更难以把握住历史潮流的趋势和规律。加强对历史知识的学习，既是现实要求，也是培养科学文化素质和综合能力的重要途径。领导者，应注重多读些历史书籍，自觉地提高自身的历史素养。

历史是丰富多彩的，对于忙于工作的领导干部来说，不可能什么都学，而要抓住重点。首先要学习中国历史，同时学习一点世界历史；学习马克思主义发展史，还要学习中国共产党的历史，学习中国社会主义建设和改革的历史。要通过学习历史知识，认真研究历史发展提供的经验教训，进一步增强贯彻党和国家大政方针的主动性和自觉性，更加积极主动地在实践中把它们坚持好、贯彻好、运用好。这样，才能正确认识和把握中国社会发展的客观规律，认清时政趋势，做好当前的工作。

正确的世界观和方法论是领导干部的立身之本

世界观，也称“宇宙观”，是人们对整个世界总的看法和根本观点。方法论，就是人们认识世界、改造世界的一般方法，是人们用什么样的方式、方法来观察事物和处理问题。概括地说，世界观主要解决世界“是什么”的问题，方法论主要解决“怎么办”的问题。一般来说，一个科学的理论体系，包括世界观、方法论、一般原理、具体结论等几个层次。世界观、方法论是属于高层次、高概括，是精髓、是灵魂，管根本、管长远。一般原理和具体结论如果离开科学的世界观、方法论，就会变成僵化的教条。作为一名现代领导干部，一定要有正确的世界观，掌握科学的方法论，才能真正做好领导工作，成为一名优秀的领导干部。

一、树立正确的世界观，是领导干部必备的思想政治素质

（一）什么是世界观

我们首先谈谈什么是世界观。每个人一出生，来到这个世界上，就在一定的社会环境中成长，从接受教育到从事具体工作，

不可避免地受到各种各样的影响。特别是人的思想认识，从无知到有知，从单纯到多样性，有一个发展变化的过程，在这个过程中，也就逐渐形成了自己的世界观。世界上没有世界观的人是不存在的。每个人都有自己的世界观。只不过有的人世界观是系统的，有的是零散的，或某一方面的。不管你是否承认，别人可以看出来，因为你的思想、言语、行动要受到你的世界观的支配，也就是你的世界观的反映。简单讲，世界观就是人们对整个世界总的看法和根本观点。其中包括社会观、自然观以及伦理观、审美观等。有了世界观，也就会产生人生观和价值观。人生观主要是指人们对人生问题总的看法，包括人生的意义、目的、态度和理想等。价值观主要是指人们对客观事物的一种认识和评价。

世界观的形成受到社会制度、社会环境的制约，它因时代、阶级和个体的不同而有不同的形态。从总体上可分为两大类，即唯物主义世界观和唯心主义世界观。这两种世界观是截然不同、根本对立的。唯物主义世界观承认世界的物质性、客观性，承认人的精神、意识是由物质派生出来的。唯心主义世界观否认世界的物质性，主张用精神的、意识的活动解释世界，宣扬意识第一性、物质第二性。从这两类世界观来讲，人们因处在不同的历史阶段、不同的经济地位、不同的教育程度、不同的根本利益、不同的实践能力，也导致了世界观的多样性，或明显的差别。因此说，每个人的世界观不是绝对一样的。

那么，世界观对人又有哪些作用呢？人们生活在这个世界上，就是认识世界和改造世界，这两项任务都必须以世界观为基础，都必须在一定的世界观指导下才能进行。可以这样说，世界观对人们认识世界和改造世界具有十分重要的作用，但不同的世界观对人们有着不同的导向作用。比如在现实生活中，同样是成功者，有的人谦虚谨慎，有的人骄傲自满；同样是失败者，有的人积极进取，有的人却悲观消沉；同样是领导干部，有的人严于律己，有的人却腐败堕落。诸如此类，举不胜举。

世界观对人的作用，具体一点说，首先，它决定着人们的思维方式。人们一旦形成了某种世界观之后，就会用这些观点去指导自己的行动，从而使它成为用以分析和处理问题的基本原则，也就是方法论。其次，世界观决定着人们的人生观。怎样做人？人生道路怎么走？面对这些问题，世界观提供了对人与自然、人与社会、人与人之间关系的根本看法，为确定人生目的和态度提供了根本性观点。再次，世界观决定着人们的价值观。人们对某种事物或现象的好恶，体现了在价值问题上的选择和倾向性，世界观为人们在认知事物和现象中提供了理论基础和方法原则。所以说，价值观是世界观的体现。综上所述，一个人有什么样的世界观，就会有什么样的思维方式，就会有什么样的人生态度和价值取向。

（二）树立正确的世界观，是现代领导干部必备的思想政治素质

世界观是人人都有的。树立正确的世界观，是现代领导干部必备的思想政治素质。作为共产党的领导干部，必须牢固树立马克思主义的科学世界观——辩证唯物主义和历史唯物主义。马克思主义世界观，即辩证唯物主义和历史唯物主义相统一的世界观，是唯一正确的世界观，也是无产阶级的世界观。这个世界观是人类历史文化发展的产物，是以实践范畴为核心的完整的科学体系。

党的领导干部只有在科学世界观的指导下，真正学会运用辩证唯物主义和历史唯物主义的立场、观点和方法，观察社会现象，处理社会问题，才能在工作中充分地发挥出自己的聪明才智，成为党的事业所需要的高素质的领导人才。

众所周知，我们党能否发展壮大，能否受人民群众的拥护，党的事业能否顺利发展，关键在于党有没有一条正确的路线。那么，路线的正确与否主要取决于我们党，特别是党的领导干部能不能掌握马克思主义世界观，在实践中运用它科学地观察、分析、认识和解决中国革命、建设和改革中的重大问题。

回顾历史，无数事实都可以证明，树立正确的世界观，是确立我们党的正确路线，指导党的事业顺利发展的基本思想保证。在革命战争年代，毛泽东创造性地提出“以农村包围城市，最后夺取城市，进而解放全中国”的英明战略决策，领导我们推翻了旧制度，建立新中国，取得了新民主主义革命的伟大胜利；新中国成立后，我们党又领导全国人民顺利地完成了三大改造，进而取得一系列社会主义建设事业的辉煌成就。同样道理，党的十一届三中全会以来，我国改革开放的总设计师邓小平正是掌握了“尊重生活和历史的辩证法”，创造性地提出了“解放思想，实事求是”的马克思主义世界观，并用这种思维方式，创立了中国特色社会主义理论，并以此为指导，推动了我国经济建设的蓬勃发展，取得了举世瞩目的改革开放伟大成就。这都是以马克思主义世界观为指导，联系中国实际，具体地认识和解决现代中国社会不同时期基本矛盾的结果。相反，在我党革命斗争史上曾发生过几次大的右倾和“左”倾路线错误，对我们的革命事业造成严重损害。这些错误，追根溯源，都与当时党的领导者世界观发生了偏差有密切的联系。总之，世界观问题，是一个带根本性的问题，关系党的事业、国家的前途和民族的命运，不可等闲视之。

那么牢固树立正确的世界观有什么现实意义呢?

首先，只有掌握正确的世界观，才能对当前国际国内的政治形势作出正确评估，进而选择正确立场。如二十世纪八九十年代国际共运的变化，给人们思想带来很大的影响，以致有些人对共产主义的远大目标产生了怀疑。如果我们不用马克思主义世界观去分析这些变化，不坚定共产主义必定代替资本主义的信念，那就会犯政治上的错误。

其次，只有掌握正确的世界观，才能对一些重大问题有正确的认识和态度，才能战胜形形色色的错误理论和思潮。曾猖獗一时的“法轮功”就是一个典型的例子，就这么一套愚昧粗俗的唯心主义世界观的歪理邪说，竟然让那么多人上当受骗，而且不乏我们的党员干部，甚至高级干部和高级知识分子。在中央取缔“法轮功”后，还有相当多的人执迷不悟，究其原因，就是这些人的世界观出了问题。又比如，共产党员当然必须是无神论者，不能信仰任何迷信。但实际情况是，由于这么多年来放松了教育，我们不少共产党员实际上是信的，更有一些党内腐败分子求神拜佛，搞封建迷信活动，说明世界观出了问题。黑龙江省委原副书记、省政协主席韩桂芝，是党的高级干部。这个人不信马列信佛法，家里设有一个很大的佛堂，供着菩萨，还有一副对联，上联是：菩萨保我做大官；下联是：我做大官供菩萨。她是这么一个世界观，把自己的政治命运完全和菩萨联系在一起。更让人匪夷所思的是，她被“双规”后不检查自己，还说：“菩萨啊菩萨，我供了你这么多年，你也不保佑我！”她把自己的一切都交给了菩萨，自己犯了罪不检讨，反倒怪菩萨没有保佑她，腐朽到了极点，离共产党员的标准相差十万八千里。再一个就是河北原省委常委、常务副省长丛福奎，这个人就喜欢求神拜佛，每一步升迁之前都去请教“大师”：我能不能升？要达到升迁的目的我要做什么？他是一个大贪官，贪了好几百万，他贪的钱不全是自己挥霍了，相当一大部分是给了“大师”。这个人也是不信马列信神佛。因此，世界观问题太重要了，这绝对不是一个虚的概念，而是一个实的概念，而且是事事管着我们，指导着我们的言与行。

最后，只有树立正确的世界观，才能对人民群众及其利益采取正确的态度和立场。一切从人民的利益出发，一切言行向人民负责，全心全意为人民服务，这是我们共产党人的政治立场和态度，也是马克思主义世界观的基本要求。过去在战争年代，这方面我们做得很好，涌现出许多“军民鱼水情”的感人事例。随着共产党的执政，有些党员干部忘记了这些，当官高高在上，不把群众疾苦放在心上，甚至以权谋私、贪赃枉法，使老百姓对一些干部产生不满情绪，严重影响了党在人民群众中的威信。追其根源，就是一些党员干部放松了世界观的改造，把人民群众的利益丢在了脑后。

（三）怎样树立正确的世界观

怎样才能树立正确的世界观，也就是说有哪些途径和方法呢?

第一，要高度重视学习马克思主义理论。树立正确的世界观，首要是坚持不懈地学习研究马列主义、毛泽东思想、邓小平理论、“三个代表”重要思想和科学发展观，学习领会习近平总书记系列重要讲话精神，这是树立正确世界观的基础，是基本功。要学会用辩证唯物主义和历史唯物主义的观点和方法去分析问题、解决矛盾。只有不断地加强马克思主义理论学习，才能在政治上保持清醒的头脑。不努力学习和掌握马克思主义理论，就不能正确认识人类社会发展的客观规律，对共产主义、社会主义的信仰就不可能建立在科学理解的基础上，因而也不可能是牢固的，就会在各种错误思潮和腐朽生活方式的冲击下丧失抵御能力。学习马克思主义理论主要靠自学，当然，必要的灌输也是必不可少的。

第二，要不断地坚定共产主义理想和信念。理想信念是一个人的生存之本，是一个人的精神支柱，也是力量源泉。我们的革命前辈，在敌人面前不怕死，不怕酷刑，忍受着常人难以想象的痛苦，是什么支撑着呢?是为共产主义奋斗终生的精神在支撑着他们，他们的力量源泉也是这种精神。在长期的革命斗争中，许多共产党人克服了常人难以想象的艰难困苦，靠的就是信仰。理想信念是世界观、人生观和价值观的核心。在坚定共产主义信仰方面，老一辈无产阶级革命家给我们树立了光辉榜样。作为一名领导干部，要能够坚持正确的政治方向，站稳党的立场，牢固地树立共产主义理想和信念，始终不渝地为实现共产主义事业而奋斗终生。一名领导干部，如果在理想信念上发生了动摇，那就必然会偏离正确的政治方向，丧失革命意志，就必然会堕落到罪恶的深渊。

第三，要把改造主观世界作为终身任务。牢固树立马克思主义世界观，不是一朝一夕就能完成的，除认真学习外，最重要的是要经常进行自我改造，这是一个长期而艰苦的过程，而这个改造最主要的在“内因”。我们分析一些高级领导干部犯错误，甚至犯罪的过程，不难看出，许多人以前都是贫苦出身，从小接受党的教育，也曾做出一些对人民有益的成绩，可为什么最后又一步步滑向错误的深渊呢？就是放松了对自己世界观的改造，忘乎所以了。而同样有更多的领导干部，为什么能始终如一地保持共产党员的本色呢？也就在于他们经常地做到了自我改造。要想认真地自我改造，就要以马克思主义世界观为标准，不断检视自己的思想和行为，进行必要的批评和自我批评。还要敢于向一切错误的思想观念、腐朽的生活方式宣战，要勇于接受组织和群众的监督。只有这样，才能达到改造的目的。在这个问题上，我们要向周恩来学习。他一生爱人民，自幼抱定“为中华崛起”而奋斗的远大志向，为人民鞠躬尽瘁，死而后已。在漫长的革命征途上，他一直以“活到老、学到老、改造到老”为座右铭，在45岁时还给自己制定了《我的修养要则》。他的一生，是为中国人民求解放谋利益的一生，也是不断进行自我改造的一生，他的坚强党性和伟大品格烛照千秋。领导干部应以周恩来为楷模，终生不忘改造自己，就要使自己与时俱进，使自己永远保持先进性，提高自己和完善自己。要像周恩来那样“活到老、学到老、改造到老”。

第四，要加强党性锻炼和修养，经受住各种考验和诱惑。作为一名领导干部，不仅要靠法律来管好自己、靠制度来管好自己、靠党纪来管好自己，更重要的是要靠自己管好自己。自己管好自己，怎么管？就要靠世界观、人生观、价值观来管自己，就要加强党性锻炼、加强党性修养。

有句古话叫作："事能知足心常乐，人到无求品自高。"人之所以容易犯错误，就是因为欲望太多。人的活动有一个"总开关"，这个"总开关"就是世界观。古人就已经提倡：君子爱财，取之有道；君子好色，发乎其情，止乎其礼。人要靠法律、制度来管，但更要靠自己来管。作为一名领导干部，要使自己活动的"总开关"——世界观，时刻处于正确、有效、不失灵的状态，唯有不断加强党性锻炼和修养，才能提高自己抵御各种诱惑、经受住各种考验的能力。

由于我国有着两千年封建制度的历史，因此封建残余思想将长期存在，再由于改革开放的深化和市场经济的负面影响，西方的资产阶级人生观、价值观也乘虚而入，给人们的思想观念带来极大的冲击和诱惑。如个人主义，这是西方价值观的核心和实质，它与我们倡导的以"为人民服务"为核心的集体主义价值观是相对立的。有的人却把个人主义当作"新观念"，甚至把我们所说的"允许一部分人先富起来""允许考虑个人利益"等混淆起来。再如拜金主义，这方面的影响最深最广。从过去讲的"人为财死，鸟为食亡""有钱能使鬼推磨"，到现在讲的"没有钱是万万不行的""有钱能使官推磨"，说明了金钱的重要性。值得注意的是，有的人打着"经济效益""创收"的旗号，给"金钱至上”“一切向钱看”披上合理的外衣。受这种思想的影响，很多人为此走入歧途，甚至走向地狱。再比如享乐主义，这种人生观认为“人生在世，吃喝二字”，因此贪图安逸，追求吃喝玩乐。在它的影响下，一些人讲“不要活得太累”“过把瘾就死”等。面对灯红酒绿的美食城、歌舞厅、夜总会，有的领导干部经常泡在里面，还美其名曰“工作应酬”。对诸如此类的观念和说法，我们必须要有一个正确的区分，对错误的东西必须要坚决抵制，否则，原来正确的世界观、人生观、价值观，也慢慢会被这些所谓的“新观念”所替代。因此，长期不懈地加强党性锻炼与修养，努力增强自己的无产阶级党性，是做一名合格领导干部的必由之路，也是争当一名优秀领导干部的终生之路。否则，一旦放弃世界观改造，一旦丧失了共产主义的理想信念，背离全心全意为人民服务的最高党性原则，就会身败名裂，走向党和人民的反面，甚至自取灭亡。

第五，领导干部要正确使用手中的权力，做到全心全意为人民服务。作为领导干部，要经常想一想，“自己手中的权力是谁给的”“如何用手中的权力为人民造福”。为人民服务的宗旨是每个党员都应该履行的，但作为领导干部责任更大，其作用也更明显，工作做好了，可以造福一方；工作有失误，也可危害一片。因此，作为领导干部，应该十分珍惜人民赋予自己的权力，时刻把群众的冷暖放在心上，一切从人民的利益出发，做到全心全意为人民服务。

第六，要坚持知行合一，努力有所作为。世界上所有的事物，往往是知易行难，认识世界还是相对容易的，但改造世界却很难。我们要树立正确的世界观，不能只是认识，更重要的还是要做，要付诸实践，要坚持知行合一，坚持在实践中树立正确的世界观。认识世界是为了改造世界。有了正确的世界观，就要努力将其付诸实践。碌碌无为，无所作为，就称不上是一名合格的领导干部。

树立和坚持正确的世界观是一个长期的艰苦的过程，我们必须要有坚忍不拔的毅力，甚至要牺牲一些个人的利益，只有这样，才能像毛泽东所说的，成为一个高尚的人，一个纯粹的人，一个有道德的人，一个脱离了低级趣味的人，一个有益于人民的人。

二、掌握科学的方法论，是各级领导干部的迫切需要

（一）什么是方法论

人类认识世界、改造世界的一切活动都是运用方法的过程。可以这样说，世界上有多少种人类活动，就会有多少种方法，所以黑格尔说："世界是方法的世界。"我们认识世界，改造世界，分析问题，解决问题，就是运用方法配置、运载、支配着知识去处理问题，并产出成果。

方法固然重要，但从认识世界和改造世界的系统要求来看，零散的、零碎的方法是不顶用的，方法只有形成体系才有功能的力量。就好比众多单个士兵，如果不组织起来，就形不成强大的战斗力。这就进一步提出了方法论的问题。方法是解决具体问题的手段、措施和途径，是指一般的方法、具体的方法；而方法论

是关于一般方法和具体方法的规律、原则、性质、特点、功能、应用及效果评价等的理论，它是帮助寻找方法、创造方法、运用方法和发展方法的一套理论。方法论不承担直接解决具体问题的职能，而是统领方法去解决具体问题，具体方法是方法论在实践过程中的一种转化形态。方法论的原则是相对稳定的，而方法是因时、因地、因事制宜的。所以，要有一套很强的方法论体系，才能掌握解决各种各样问题的具体方法，才能形成过硬的本领。

方法是方法论在实际工作中的转化形态，是以一般的方法论原则为指导，根据对具体情况的分析而制定出来的，因此，具有多变的特点。一成不变的方法是没有的。方法论则不同，它虽然包含有方法的意义，但并不是指研究问题、解决问题的具体办法，而是从众多具体办法中概括出来的，较为稳定，并具有普遍性意义的一般原则。方法论是关于方法的系统理论。领导干部提高领导能力必须努力掌握科学的领导方法论体系。领导方法论体系包括三个层次：马克思主义哲学方法论、一般领导方法论和具体工作方法论。作为领导干部首先是要掌握马克思主义哲学方法论，并以此为指导掌握其他两个层次的方法论。

实践反复证明，一个人如果掌握了方法特别是一整套科学的方法论，则智慧就高，能力就强，处理问题就得心应手。从知识的角度看，方法也是知识，但它是一种特殊的知识，是驾驭和支配一般知识的知识。一个人如果光有一般性知识，但是缺乏方法，即便学富五车、才高八斗也难以发挥作用，知识也难以用得上。因此，领导干部要提高领导能力和管理水平，核心和灵魂是掌握一套以马克思主义理论为指导的科学的方法论体系。

（二）掌握科学的方法论意义重大

恩格斯指出，马克思的整个世界观不是教义，而是方法。它提供的不是现成的教条，而是进一步研究的出发点和供这种研究使用的方法。那么马克思主义理论又是什么样的方法呢？是帮助人们正确地找到具体答案的方法。因为马克思主义理论不是教义，不能提供现成答案，所以绝不能以教条主义的态度对待马克思主义理论。因为马克思主义理论可以帮助人们正确地找到具体答案，因此它又是行动的指南。

党的领导干部认识世界和改造世界的根本方法，首先是辩证唯物主义和历史唯物主义，因为辩证唯物主义和历史唯物主义揭示了自然界、人类社会和人们思维发展的最一般规律，为无产阶级及其政党确立了科学的世界观。当人们运用这种世界观去认识世界时，就表现为一系列的思想方法；当人们运用这种世界观去改造客观世界时，就表现为一系列的工作方法；当领导干部运用这种世界观去改造客观世界时，就表现为领导方法。因此，领导干部学习辩证唯物主义和历史唯物主义及一般意义上的科学方法论，就显得更加重要。

领导方法是一种非常重要的方法，而且领导干部只有掌握一套科学的方法和方法论体系，才能够理解好进而结合实际贯彻好党的路线、方针和政策，才能够很好地担当起改革、发展、稳定的重任。

领导方法是连接领导活动中主体和客体的中间环节。毛泽东曾经把完成任务比作是“过河”，把方法比作“桥”和“船”，不解决“桥”和“船”的问题，“过河”就是一句空话。不解决方法问题，任务只是瞎说一顿。工作方法的好坏是反映领导干部领导水平与领导艺术高低的一个重要标志。没有好的工作方法，一切美好的理想和宏伟蓝图都只能是虚无缥缈的海市蜃楼。因此，领导干部要努力改进工作方法。

正确的领导方法，能够赢得人民群众的认同、支持和拥护，增强党在群众中的凝聚力、向心力、感召力，顺利完成党的各项任务；而错误的领导方法，就可能造成失误、激化矛盾、增大风险，给党的事业带来损害。

掌握领导方法是各级领导干部的迫切需要。一方面，建设中国特色社会主义是全新的事业，我们党过去总结出来的领导方法，管用的要继承，特别是基本方法一定要遵循，过时的要抛弃，还要适应社会主义市场经济和全球经济一体化的新形势，探索新的领导方法。另一方面，在实际工作中，一些领导干部的工作方法存在种种问题，这应引起我们的足够重视。一是工作“形式化”。工作中，有的领导干部不考虑实际内容和效果的需要，在形式上好大喜“花”，一味追求大场面、大规模、大投入，标新立异；在过程上求全求长，不仅占用时间长，而且名目繁多、不厌其烦。其结果是，把有用的形式推向了反面。二是工作“单一化”。上级部署什么工作，搞什么活动，下边就照本宣科，缺乏创造性。三是工作“雷同化”。一些领导干部不顾自身的实际情况而热衷于照抄照搬外地的经验和做法。四是工作“程式化”。对工作不看内容不管对象，全是开会传达，以会议贯彻会议，缺乏具体有效的落实措施。五是工作“表面化”。不是从如何做好工作的角度想问题，而是应付上级的检查，说了就是做了，动了就是成了，做表面文章，博得虚假的荣誉。六是工作“两极化”。思维方法和工作方法上的片面性和绝对化其实是非此即彼的思维模式，这种走极端的习惯做法，是影响工作落实的一个突出障碍。譬如，一强调工作要活跃，就滥发文件乱开会，搞大轰大嗡；一提倡工作要扎实，就连必要的会议也不开，该发的文件也不发。这种忽左忽右、非左即右的极端化做法，必然使下级工作左右为难、无所适从。

纵观我们党的历史，党历来重视领导方法，包括思想方法和工作方法问题，同时党在革命、建设和改革的各个时期，也总是不断地强调要围绕党的中心工作改进领导方法。早在江西瑞金的中央根据地时期，毛泽东就强调要“注意工作方法”。他说：“一切工作，如果仅仅提出任务而不注意实行时候的工作方法，不反对官僚主义的工作方法而采取实际的具体的工作方法，不抛弃命令主义的工作方法而采取耐心说服的工作方法，那末，什么任务也是不能实现的。”在抗日战争时期，当党的中心任务发生改变时，他又强调：“当革命的形势已经改变的时候，革命的策略，革命的领导方式，也必须跟着改变。”邓小平早在1992年初就要求领导层每年都要总结经验，对的就坚持，不对的赶快改，新的问题出来抓紧解决。江泽民强调，进一步改进领导方式和领导方法，实现领导方式和领导方法的创新，是加强党的建设、也是做好各项工作面临的一个重大课题。胡锦涛在谈到宣传、教育群众的工作时，强调要讲究方式方法，善于摆事实、讲道理，努力做到深入浅出，以理服人。针对全面深化改革面临的艰巨任务，习近平明确指出，要坚持正确的思想方法，坚持辩证法，处理好解放思想和实事求是的关系、整体推进和重点突破的关系、全局和局部的关系、顶层设计和摸着石头过河的关系、胆子要大和步子要稳的关系、改革发展稳定的关系。

由此可见，无论是理论上还是实践中，领导干部学习运用马克思主义的领导方法，并在实践中不断创造新的领导方法，都是一项非常紧迫的任务。

（三）领导干部需要掌握哪些基本的科学方法

工作内容、现实生活是丰富多彩的，工作方法也应是灵活多样的。各级领导干部都要学一些唯物辩证法，要因人、因事、因时、因地而异，具体问题具体分析，创造性地开展工作。

下面几种在领导工作中常用的工作方法，可供借鉴：

一是“弹钢琴”的工作方法。工作中，既要突出重点，又要兼顾全面。分清轻重缓急，讲究文武之道，要抓重点，抓大事，同时调动各方面有利因素，弹奏出一曲美妙的工作乐曲。日常工作中，听汇报、审文件、出席会议、处理问题、接待客人等都要协调妥善安排，及时快速有效地完成各项任务。

二是以点带面的工作方法。以点带面的方法实际上是一种典型引路的方法。即对工作中出现的亮点和有代表性的方法、经验，将其推广开来，让大家来学习，从而把全部的工作带动起来，完成工作目标和任务。

三是抓两头带中间的工作方法。即充分发扬好的一面，同时努力避免差的一面，通过好的方面的经验和不足方面的教训，正反对比，找出好的工作方法，最终将工作整体推进，实现工作全面进步。

四是坚持调查研究的工作方法。领导干部在作出决策和贯彻决策的时候，都要按照实事求是的思想路线，深入实际，深入生活，进行广泛的调查研究，搞清楚事情的过程和脉络、现状和问题、经验和教训。毛泽东曾经说过，没有调查就没有发言权。坚持调查研究，就是坚持领导方法的唯物主义。

五是坚持统筹兼顾的工作方法。在坚持全面、协调、可持续发展的时候，必须做到把握全局、统筹兼顾，防止片面性。首先，要全面地看问题，防止片面性；其次，要辩证地看问题，以联系的而不是孤立的观点看待发展；最后，要历史地看问题，以长远的眼光谋划发展，把经济社会的发展看作是一个前后相关的过程，不以牺牲后代人的利益为代价，保证一代接一代地永续发展。

六是综合协调的工作方法。现代领导干部的一项重要工作就是综合协调处理各方面的关系，包括工作关系、人际关系和人情关系等。要全面处理好这些关系，既要把握好灵活性，更要把握好原则性，还要把握好实事求是的根本准则，做到把握实情不乱套，坚持原则不违规，灵活变通不违纪，办事成事不走邪，脚踏实地不上当，真正把关系协调到位，把工作落实到位。

七是坚持党的群众路线的工作方法。群众路线是领导者的根本工作路线和根本工作方法。毛泽东指出：“在我党的一切实际工作中，凡属正确的领导，必须是从群众中来，到群众中去。这就是说，将群众的意见（分散的无系统的意见）集中起来（经过研究，化为集中的系统的意见），又到群众中去作宣传解释，化为群众的意见，使群众坚持下去，见之于行动，并在群众行动中考验这些意见是否正确。然后再从群众中集中起来，再到群众中坚持下去。如此无限循环，一次比一次更正确、更生动、更丰富。这就是马克思主义的认识论。”这一段话，科学地分析了从群众中来、到群众中去的全过程及各个环节，使领导者的认识过程成为依靠群众、总结群众经验、集中群众智慧的过程，又使群众路线的工作方法符合认识发展规律，实现了马克思主义认识论和历史唯物主义群众观的有机结合。领导干部坚持群众路线的工作方法，就要求领导干部，一要实行领导和群众相结合。要经常深入群众、宣传群众、发动群众、帮助群众。二要经常听取群众意见。向人民群众学习，甘当他们的小学生。要了解群众在想什么、盼什么，需要领导干部做什么，才能准确把握群众的脉搏，把群众的情绪作为领导工作的第一信号，想群众所想，急群众所急，帮群众所需。

总而言之，在新的历史时期，每个领导干部都应当努力掌握科学的世界观、方法论，掌握贯穿在其中的基本立场、观点和方法，并把它自觉地运用到观察、分析和解决各种实际问题中去。作为一名现代领导干部，一定要自觉地把世界观与方法论统一起来，排除各种错误倾向的干扰，避免和减少工作中的片面性、盲目性，做一个坚定的、清醒的马克思主义者。只有这样，才能不辱使命，为党的事业发展作出应有的贡献。

怎样成为下属心目中的好领导

既对上负责又对下负责，是组织对领导干部的基本要求。也就是说，领导干部除了要做让上级放心的好下属之外，还要成为让下属称赞的好领导，因为领导干部履行好职责、实现有效领导，需要有追随者，离不开良好的干部群众基础。那么，如何才能成为下属心目中的好领导呢？

一、真正了解下属心目中好领导的标准

缺乏目标的行动必然是盲目的行动。要成为一个好领导，必须首先真正了解下属心目中好领导的标准。实践证明，好领导大致有以下几个标准。

一是有强烈的责任感和进取心，能够用事业凝聚下属。具有强烈的责任感是成为一个好领导的基本要求。一个民族如果没有了责任感，那么这个民族是可悲的；一个领导者如果没有了责任感，那么这个领导者是可耻的，他永远都不可能得到下属的承认和尊敬。领导者只有具有强烈的责任感，才能把集体利益放在个人利益之上；只有具有强烈的责任感，才能把下属和群众的冷暖时刻放在自己的心坎上；只有具有强烈的责任感，才会有廉耻之

心，甘于过俭朴的生活；只有具有强烈的责任感，才能有强烈的进取心，带领下属锐意创新，不断开拓事业的新天地。概而言之，一个富有责任感的领导者，才能正确运用自己手中的权力，给下属带来实实在在的利益和切实的安全感，在遇到事情的时候从容不迫、处变不惊，让下属感觉到自己的领导是可以依靠和信任的人。

二是公道正派，不凭个人好恶用人处事，不拉帮结派。要能够领导好下属、管理好下属，首先就得自身公正。领导者自身如果缺乏公道正派的品质，其他办法再多也无济于事。在实际工作中，有一些领导者对待下属时，完全没有原则，纯粹凭自己的爱好，表现出浓厚的主观色彩，做出许多厚此薄彼的事情来。应当明白，每一个下属都对自己的领导待人处事的态度十分敏感，如果领导者习惯于把某个人当成自己的心腹，又把另一些人当成外人，长此以往，就会使那些被当成“外人”的下属失去工作的积极性和主动性，失去对领导者的信任。

三是坚持人格平等，充分发扬民主作风。尊重下属，执行好民主集中制，这是赢得下属尊敬的一个必要条件。每个人都有自身的尊严，都渴望获得别人的尊重，哪个下属愿意把看低自己的人作为自己的朋友呢？但是，有些领导者就是喜欢把下属看成低自己一等甚至几等，往往有很强的唯我独尊意识，喜欢居高临下，批评下属时态度粗暴、言语尖刻，工作中喜欢搞“一言堂”，不愿意听取下属的任何意见和建议，无视下属的合理要求。这样就容易伤害下属的自尊，拉开与他们的心理距离。事实上，领导与下属之间，本来就只有分工的不同，没有人格的差异。所以，无论下属犯了什么错误，在批评下属时，如果坚持人格平等的原则，让下属觉得领导的批评是真的为他好，而不是通过批评下属来抬高自己，或显示自己的权威，那么就一定能够获得下属的信任。如果在工作中发扬民主作风，能认真倾听下属的心声，就必然能够让下属感觉到他们自身的价值，也可以为工作安排打下良好的基础。这样的领导，又有哪一个下属不愿意与他共事，又有哪一个下属不愿意敞开心扉和领导走到一起，共同进步共同发展呢?

四是有爱心，不算计下属，肯为下属着想。有爱心是成为一个好领导的先决条件。有爱心的领导者，一般都会主动为下属着想。何况，只有肯为下属着想，把下属的利益看作和自己的利益一样重要，把下属的困难当作自己的困难去努力克服，才有可能团结人、凝聚人。这样的领导者所获得的，也一定是下属最诚挚的尊敬。那些缺乏爱心的领导者想的往往只有他自己，不仅不会主动为下属着想，而且还看不得下属的好，会千方百计去算计下属。要知道，没有一个下属喜欢没有爱心只会要求的领导，也不会有哪个下属愿为只知道要求而不知道付出的领导努力工作的。俗话说：种瓜得瓜，种豆得豆。你为下属做了什么，你在工作中为下属付出了什么、奉献了什么，下属就会为你结出什么果。

五是有能力，有谋略，困难面前敢于担当。一头狮子带领的羊群胜过一只绵羊带领的狮群，这句话不无道理。作为下属，从来就不希望自己的领导者像一只绵羊，而是希望自己的领导者像一头雄狮一样坚强有力，敢于担当。所以，领导者的工作能力强不强，同样关系到他在下属心目中的地位高不高。身为领导者，如果自己不学无术，热衷于吹牛拍马，只知道发号施令，搞瞎指挥，做出一大堆劳民伤财的事情，肯定会招致下属和群众的怨恨。相反，如果领导者不仅是业务方面的行家里手，而且领导能力也十分强，工作起来游刃有余，尤其当工作处于困难和逆境时，不是畏首畏尾、躲躲闪闪、焦虑急躁、束手无策，甚至是推卸责任，而是能够在纷繁复杂的矛盾中抓住主要矛盾，敢于承担责任，并且带领大家一道努力寻找解决困难和问题的办法，积极挽回一切损失，这样的领导者不可能没有追随者，也不可能不受下属尊重。

六是善于借助每一个下属的力量，工作起来有法则。所谓有法则，是指领导者开展领导活动有方法和准则。没有方法和准则，就必然缺乏工作效率，就无法取得令下属满意的工作成绩。理论和实践都说明，领导工作中最大的法则就是要善于调动下属的积极性，最大限度地集中大家的智慧和力量。民间有句俗话，叫作“浑身是铁也打不了几根钉”。领导过程也是这样。一个领导者即使有再大的本事，也不可能解决所有的问题。在一个单位或集体中，领导者虽然掌握着最高权力，但在很多事情上却不一定全了解，即使知道，也可能鞭长莫及。下属对一些事情可能了解得比你要全面得多、透彻得多，他们是工作的实践者，也是问题的经历者。所以，领导者要有豁达的胸襟，能尊重下属的选择，能与下属建立起真诚的伙伴关系，拉近与下属的距离，避免形成下属与领导之间的对立局面；要有较强的协调能力，尤其要选好人才，把握住关键人才，发挥他们的带头作用，最终同心协力完成工作。这样的领导者才能让下属感觉到可以依赖，值得尊敬。

二、如何使自己成为下属心目中的好领导

明白了好领导的标准，就明白了自己的努力方向。具体来说，要成为一个好领导，还应该从以下几个方面去努力。

一是要有成为一个好领导的内在要求。应该说，现实生活中，人人都想成为一个好领导。但是，有的领导者不仅没有成为下属心目中的好领导，反而还被下属所不齿，这是什么原因呢？根源在于有些人对于成为一个好领导，也只是偶尔想想而已，由于内在要求并不强烈，意志不是十分坚定，一旦遇到困难和社会上一些不良因素的干扰，便失去了耐心，甚至放任自己。作为领导者，首先应该明白，阻碍自己成为下属心目中好领导的，不是别的原因，而是自身的主观因素。这正如孔子所说的“仁远乎哉？我欲仁，斯仁至矣”。意思是，仁德难道离我们很远吗？其实不远啊，只要我想达到仁，仁就来了。仁德全靠自身的努力，靠道德的自觉，经过不懈的努力，就有可能达到仁，不能依靠外界的力量。这里，孔子强调了人进行道德修养的主观能动性，这对于我们成为一个好领导具有很大的启发意义。领导者一定要有当个好领导的强烈愿望，要把成为一名好的领导者作为自己不懈努力和奋斗的方向，这样才能最终实现自己的目标。

二是要学会换位思考，真心实意地为下属着想。要成为下属心目中的好领导，就必须有一颗推己及人之心，善于换位思考，

能够站在下属的立场上看问题，真心实意为下属着想，帮助下属解决实际困难。现实中，无论你的领导是多么成功，你的团队业绩是如何的好，每个人的收入是如何的高，总会有人有各种各样的苦恼，也许是经济上的，也许是精神上的。这个时候，作为领导者，就要站出来，发挥作用，为下属解决实际困难。在他们身处逆境的时候，给予支持和鼓励，让他们振作起来。在下属的心目中，这就是领导对他们最大的关心和信任，他们会更加努力工作来回报你。

三是要不断加强自身人格修炼，真正做到扬长补短。好的领导，无一例外地都具有完善的人格，他们用自己的能力说话，时时处处展现出既权威又有亲和力的领导风范。因此，一个领导者，如果他自己不能做到修身养性、完善人格，那么他就不可能做一个好人，更不可能成为一个好领导。下属总习惯于向上看，领导者的一举一动都逃不过下属的眼睛。当领导者的地位达到一定水平之后，其言行就会被自己的下属散播出去，甚至是遭到超现实的模仿。所以，领导者一定要注意自己的人格培养，让人格完善起来。要有正确的世界观和人生观，做事要讲信任，待人要诚恳，处理事情要公正、谨慎，要尊重下属，信任他们并且给他们发展的机会，等等。

四是要注重学习，不断总结，提高做领导工作的综合能力。没有人天生就善于当领导，更没有人天生就是一个好领导。领导工作是一门理论性和实践性都十分强的工作，这就决定了领导者必须勤于学习、善于学习。学习是为官从政的基础，不学习做不好人，更加做不好官。正如毛泽东所说，有了学问，好比站在山上，可以看到很远很多的东西；没有学问，就好像在暗沟里行走，容易到处碰壁。在信息时代，今天学到的知识明天就有可能过时，要使自己的思想不断适应新的情况，唯一的办法就是经常学习、不断学习。好领导往往会自觉地挤出时间用在提高自身的能力上，会抓紧一切时间努力学习新的知识和技能，提高自己的含金量，同时也提高在下属心目中的分量。

领导如何涵养“大气象”

中央领导多次强调，领导干部要具有宽广的眼界、思路、胸襟，要善于从大局看问题，放眼世界、放眼未来、放眼一切方面；要善于多角度、全方位审视复杂多变的大千世界；要善于谋大计、抓根本、顾大局。这是从加强党的执政能力建设和先进性建设出发，对领导干部提出的要求。作为一名领导干部，要真正实践这种要求，就应当努力具有“大气象”。

所谓“气象”，从社会角度看，通常指人和事物的情况、态势，如气象万千、新气象等；从语言角度来考察，“气象”的近义词有气势、气概、气度、气魄、气质等。事实上，“气象”的本质是一种形象、一种精神，要义是一个人或一个机构与生俱来的胸襟、气质以及后天的经验积累，关键是升腾于风格之上的、给人震撼的、恒久的精神力量。而“大气象”，则是指超脱的精神、豁达的气度、宽容的心胸，显示的是一种博大的胸襟、恢宏的气魄、改天换地的凌云壮志。领导干部如果拥有“大气象”，必然胸怀宽广、处事公正、倾心为民、乐于奉献，在群众中具有较高的威望和凝聚力，从而成就一番大事业。

现实生活中，一些领导干部的“气象”却令人堪忧：有的心浮气躁，急功近利，一心想着用三招两式，就能一炮打响，博得上级青睐，从而一路凯歌，加官晋爵；有的阳奉阴违，言行不一，经常把“为人民服务”挂在嘴上，却汲汲于一己私利；有的革命意志衰退，工作精神萎靡，生活情趣低俗，热衷于灯红酒绿，沉湎于声色犬马。领导干部是党和国家大政方针在本地区、本部门贯彻执行的组织者和实施者。这样的职责定位，决定了领导干部应该比群众站得更高一些、看得更远一些、本领更强一些、办法更多一些。领导干部拥有“大气象”，才能够具有坚定的政治信念、开阔的眼界和胸襟、卓越的领导能力和优良的作风，真正赢得人民群众的拥戴。如果自身“气象”不正、鼠肚鸡肠、萎靡颓废，那就愧对“领导干部”这一称谓。

“大气象”的涵养，并非一桩容易的事。首要的是坚持学习、终身学习，不断增强理论素养。邓小平说过：“不注意学习，忙于事务，思想就容易庸俗化。”事实证明，一些领导干部正是在不学无术、浑浑噩噩中沦为只会左右应酬、只会阿谀钻营的圆滑世故、碌碌无为、为人不齿的庸官俗吏。更有甚者，少数领导干部因放弃学习而导致思想滑坡、意志消退、精神萎靡、志趣庸俗，最后走向堕落，沦为党和人民的罪人。当学习成为一种生活需要、一种精神境界，生活就会充实，追求就会远大，自身的“大气象”必然随之而生。要多读大家之书，大家之书必有“大气象”，往往气宇开阔，思接千载，思想光芒穿透历史，精神魅力超越时空，能令人读出大视野、大胸襟、大创造。

涵养“大气象”，既要“仰望星空”，又要脚踏实地。所谓“仰望星空”，就是要始终保持崇高的精神追求，不断加强道德修养。作为党员干部，在任何时候都必须具有远大的理想和坚定的信念。在改革开放的新时期，不管形势和任务有什么变化，不管政策、体制有什么变化，不管国际形势多么错综复杂，共产党员和党的干部都应当不改革命的初衷，不丧失必胜的信心。

所谓脚踏实地，即恪尽职守，兢兢业业，履行好党和人民赋予的领导责任，为群众诚心诚意办实事、尽心竭力解难事、坚持不懈做好事。脚踏实地，意味着要有正确的人生观、权力观和事业观，真正认识到人的生命是有限的，担负领导职务的时间则更为短暂。要珍惜荣誉，明确责任，只争朝夕，立足岗位建功立业，不负重托；要尊重科学，遵循规律，坚持科学发展，自觉多做打基础、利长远的事情。要坚持高尚追求，常修为政之德，追求积极向上的生活情趣，养成良好的生活作风，做到台上和台下一个样、工作时间和业余时间一个样、有监督和没有监督一个样，始终保持共产党人的政治本色。

常要问问“我是谁”

夜读一则笑话：一名押差押一名和尚和戴木枷的犯人上路，结果在住店时有人放走了和尚和犯人。熟睡中的他不仅被剃了光头，还被戴上了犯人的木枷。押差一觉醒来后，摸了一下光溜溜的脑袋，自语道：“和尚在。”又摸了摸套在自己脖子上的木枷，说：“犯人在。”但左找右找，就是找不着自个儿了，于是大声惊呼：“我上哪儿去了？”读来让人忍俊不禁。

然而，现实生活中，迷失自我的人，弄不清“我是谁”的领导干部就不是好笑那么简单了。在一些人看来，“我”就是某某长、某某总，水平比别人高，能力比别人强。于是“官升脾气长”“官大排场大”的现象并不鲜见。有的人甚至通过打官腔、摆官架、耍官威来维护自己的权威，有时真是连自己也不知道自己姓啥名谁了。之所以弄不清“我是谁”，从根本上说是忘记了自己来自老百姓，是老百姓中普通一员，是为老百姓服务的“公仆”。每一个共产党员，尤其是领导干部都应牢记，我们来自群众，是人民群众的一分子。我们的力量和智慧来自群众，我们绝不比群众更高明，更不是什么一方神圣。如果自视高明、自诩英雄，脱离群众、脱离社会，就必然坠入唯心主义的泥坑。如果摆不正与群众的关系，甚至把自己放在群众之上，盛气凌人，自以为是，自作主张，肆意妄为，其后果轻则脱离群众，重则伤害群众，必然受到历史规律的惩罚。

在经常问问“我是谁”方面，邓小平是一个光辉的榜样。他说，“作为一个为共产主义事业和国家独立、统一、建设、改革事业而奋斗了几十年的老党员和老公民，我的生命是属于党、属于国家的”“我是中国人民的儿子，我深情地爱着我的祖国和人民”。他那简单、直白而饱含深情的话告诉我们，人民才是父母。

搞清楚了自己究竟是谁，就能使自己有七情六欲却不损名节，食人间烟火而不受腐蚀，成为高尚的、纯粹的、脱离了低级趣味的人。

理性对待权力

一位哲人说过，任何没有权力的职务都是虚职。也就是说，真实的职位都拥有与之相对应的权力，职位愈高权力愈大。山西平遥古城的县衙大堂正门两侧的一副楹联意味深长：“吃百姓之饭穿百姓之衣莫道百姓可欺自己也是百姓；得一官不荣失一官不辱勿说一官无用地方全靠一官。”这副楹联既道出了官与民的辩证关系，也说出了掌握权力的人的作用。用今天的话来说就是，“政治路线确定后，干部就是决定因素”。

毋庸置疑，权力永远是一把双刃剑。而能否用好权力的一个重要标准，就是看领导干部是不是理性看待权力。这里讲的理性，应该是真正懂得权力是人民赋予的，只能用来为人民服务。共产党人手中的权力意味着对党和国家担负的责任，意味着对人民群众应尽的义务。“官”只是为人民服务的岗位；“权”只是为人民服务的工具。

做到理性地看待权力，就是要让权力成为一种负担。原苏联部长会议主席雷日科夫曾引用过一句很有哲理的话：“权力应当成为一种负担。当它是负担时就会稳如泰山，而当权力变成一种乐趣时，那么一切也就完了。”就是说，当掌握权力意味着你要承担起保障公众利益和满足他们要求的重大责任，使你总在担心自己能力不足和担心犯错误，这样的权力对掌权者是一种负担，一般人也不会来和你争。相反，当权力主要意味着能给个人带来好处而社会责任却处于次要地位时，那么权力的真正意义也就丧失了，一些人就会趋之若鹜。列宁对于共产党成为执政党后，党内可能出现以权谋私的腐败现象早有警觉。他认为，一个干部如果把权力、地位、待遇看得高于一切，就会把革命理想抛到九霄云外。物质欲望越膨胀，思想信仰就越少。事实反复表明，一个领导干部一旦把权力当乐趣来享受，而没有负担的压力和感受，就基本注定了失去监督的绝对权力，必将导致绝对的腐败。

做到理性地看待权力，就是要常弃非分之想。对于领导干部来说，全心全意为人民服务是我们的本分。超越这个本分，产生非分之想，手中的权力就可能变成谋取私利的工具。消除非分之想，关键在于慎始，从一开始就不要助长不良念头。古人说得好："一念过差，足丧生平之善；终生检饬，难盖一事之愆。"消除非分之想，还在于严守防线。面对各种诱惑不可怕，可怕的是抵制不住诱惑，只要原则不放弃，防线不动摇，什么诱惑也难以入侵。常弃非分之想，最根本在于要加强自身修养，常怀律己之心。自觉抵制形式主义、官僚主义、享乐主义和奢靡之风的侵蚀，始终牢记自己的职责，坚守自己的本分。

做到理性地看待权力，就是要有规则意识和自觉接受监督的胸怀。人一旦拥有了权力，就获得了强势地位，就容易产生特权思想。正如法国启蒙思想家孟德斯鸠所言："一切拥有权力的人都容易滥用权力，这是一条亘古不变的经验。"所以，加强制约和监督，是权力运行的基本规律。约束和监督不是源自不信任，也不是和谁过不去，而是政治走向文明的内在需要。坚持在阳光下行使权力，习惯在监督下谨慎用权，是当干部必备的执政素养。要依靠制度的力量，把权力关进制度的笼子里，形成不敢腐的惩戒机制、不能腐的防范机制、不想腐的保障机制，从而使各级领导干部都能清醒地认识到，任何人都没有法律之外的特权，任何人行使权力必须为人民服务、对人民负责并自觉接受人民监督。让权力真正成为领导干部为人民服务的公器，使领导干部能把精力集中到搞建设、谋发展，为人民谋幸福上来。

领导也要学会交朋友

朋友是一面镜子

领导干部也有友谊和情感，也需要结交朋友。一个人走上领导岗位之后，交际面会宽一些，朋友也可能会多一些。这样一来，和谁交朋友，交什么样的朋友，就显得非常重要。近些年来，少数领导干部因为交恶友而导致违法犯罪、“中箭落马”。这固然与其本人各种素质有关，然而领导干部交友不慎，不能不说是一个重要原因。

古人云：“近朱者赤，近墨者黑。”交上一个好朋友，就等于多了一面镜子，多了一个参谋，多了一个同伴。成功的时候，可以和朋友共享；疑惑的时候，可以向朋友求教；困难的时候，可以得到朋友帮助。真正的朋友，同声相应，志趣相投，真诚相待。交上一个坏朋友，就等于雪入墨池，虽溶为水，其色愈污。

古人说，“交友须慎，不慎招祸”。对于领导干部来说，尤其如此。孟郊有诗云：“种树须择地，恶土变木根；结交若失人，中道生谤言。”如果你不愿意“中道生谤言”，甚至被坏人拉下水，就得谨慎交友，冷静交友，从善交友，择廉交友。下决心不与“阿谀”者交友，不与来路不明的“大方”者交友，不与“懒散”者交友。

事实上，对于领导干部如何交友，交什么样的朋友，这牵涉到许多方面。从表面来看，一些问题的出现，好像是由于领导干部交友不慎而导致腐败问题出现，但有一些却可能是条件环境的变化，自身的思想观念或价值观念发生变化而引起的。如果我们都把自己所发生的问题归结到交友不慎上，这也未免有点太武断、太片面化了。如果是因为自身不注重世界观的改造，自己意志不坚定，或者交友不慎、乱交朋友，这是领导干部自身的问题，应当从领导干部自身找原因。常言道，“苍蝇不叮无缝的蛋”，讲的也是这么个道理。

古今中外许多择友的故事，至今对我们仍有教育意义。如家喻户晓的“孟母三迁”的故事，讲的就是孟子的母亲为了孩子结交读书的朋友，养成勤奋好学的习惯，曾三次搬家选择邻居；三国时代的管宁，对受到金钱和官禄诱惑的朋友华歆“割席而坐”，宣布绝交；小说《钢铁是怎样炼成的》主人公保尔和恋人冬妮娅，由于理想和志趣不同，终于分道扬镳。交什么样的朋友，说起来简单，实际上还挺有学问，它折射出一个人的心灵道德观念和情操等方面的是非情趣。

什么样的朋友交不得

如何交友，交什么样的朋友，是需要认真考虑，有所选择的。尤其是作为领导干部，在交什么朋友，与什么朋友密切来往上，往往也能够看出其品质的高尚与否。交友不慎而一失足成千古恨的教训，古往今来不少，但关键的问题还是领导干部从心底里拿什么标准来交朋友。如果怀有一颗全心全意为人民谋利益的心，就会千方百计地去结交广大的人民群众，就会把人民群众当作亲密的朋友，从而得到老百姓的认可和爱戴。如果领导者本身就以金钱和利益为条件作标准，以个人私利来衡量，那么那些歪门邪道的朋友就会踏破领导干部家的门槛，那些狐朋狗友们很快便会聚集在领导干部的身边。

早在两千多年前，孔子就提出“益者三友，损者三友。友直，友谅，友多闻，益矣。友便僻，友善柔，友便佞，损矣”。他主张同正直、诚实、有学问的人交朋友，而对那些善逢迎、两面派、华而不实的人则不能相交。明代学者苏浚把朋友分为“畏友、密友、昵友、贼友”四类，并在《鸡鸣偶记》一书中解释说：“道义相砥，过失相规，畏友也；缓急可共，生死可托，密友也；甘言如饴，游戏征逐，昵友也；利则相攘，患则相倾，贼友也。”拿现在话说就是，畏友、密友可以知心、交心，相互帮助并患难与共，是交朋友选择的对象。那些互相吹捧、酒肉不分的昵友，口是心非，当面一套、背后一套，有利则来、无利则去甚至还要在背后踹一脚的贼友，那是无论如何也不能交的。

概言之，交不善不廉之友，会断送一个好干部；一个变坏的干部，又会坑害一方百姓。所以，择善而交，择廉而交，至关重要。

交什么样的朋友，识什么样的人

要善交诤者。俗话说：“千金难买是诤言，人生难得是诤友。”正所谓诤言可贵，诤言可敬。领导干部常处矛盾焦点，如果身边没有几个道德纯洁、情操高尚的诤友，就容易成为孤家寡人，容易出错。事实证明，交诤友是事业不断发展的“助推器”，领导干部在开创事业中，如果能有几个高明的诤友相助，就会如虎添翼；交诤友是坚持党性原则的“监视器”，耳边就会常有不同的声音，言行就会有人提醒，头脑就会始终清醒，就会避免做一些错事；交诤友是提升个人素质的“倍增器”，如果能交得一些作风正派的人，对于提升自身素养会有帮助。

要善交智者。博览群书、饱学之士能够让领导干部获得不少教益；见闻广博、有识之士能够帮领导干部出谋划策、指点迷津。很明显，如果领导干部身边多一些智谋之士，又能很好地发挥他们的参谋作用，则领导干部的指挥决策定能少走一些弯路，更少一些盲目。

要善交能者。领导干部要多推广能人的创业经验，引导能人带领群众致富。能人成功的经验与失败的教训，都是领导干部可资借鉴的精神财富。

要善交穷者。领导干部切不可嫌贫爱富。有些富朋友其实很势利。他们要结交的，并不是你这个人，而是结交你的职务、权力、地位、影响，吃小亏是为了占大便宜。一旦你失去了权力，他们对你就像用过的一块脏抹布一样扔掉，当年的称兄道弟、两肋插刀之类的慷慨之词也都罢了。而穷朋友，往往不致如此。多交几个百姓朋友，可倾听民声，了解民情民意，密切干群关系。

交友的问题，对领导干部来说，不是个人的私事，而是政治生活的一个重要原则。有位哲人说过：“看一个人的交际圈，就能知道此人的学识、品行和社会声望。”窥一斑而知全豹，领导干部的私交圈也反映了其为人处世和审美价值观。

侥幸是不幸的开始

世上没有完美的人，每个人身上都有这样或那样的毛病。但对于领导干部而言，由于其肩上担负着带领、引导之职责，手中掌握的是公权、是公器，其毛病自然就不可小觑，尤其是对那些违法违纪的事，任何时候都不可抱有侥幸的心理。

心存侥幸必有不幸。侥幸是犯错误的偶然，犯错误是侥幸的必然。从许多犯错误干部的案例分析，发现有个共同的特点就是存在侥幸心理。第一次收人家钱的时候，思想斗争都很激烈，但也都心存侥幸，自以为“技高一筹”，考虑周全，安排得当，无人知晓；或自恃德高望重，无人猜疑；或抱着“冒险一次，享受终生”的念头，不惜赌上政治前途和身家性命，突破理智、道德乃至党纪国法的防线。殊不知，“天下没有不透风的墙”“法网恢恢，疏而不漏”，到头来，伸手必被捉。当干部跟科学家不一样，科学家搞 99 次实验都失败，但是最后一次搞成功了，就很伟大；干部哪怕一次侥幸，就有可能不幸一生。明代广西山云将军“白袍点墨”的典故寓意深刻，就是说一次都不要有侥幸心理，有了一次，永远洗刷不干净。

克服侥幸，就必须加强自律。《诗经·小雅·小旻》中有：“战战兢兢，如临深渊，如履薄冰。”意思是讲，行事要小心谨慎啊，就好像紧临着深渊和脚踩着薄冰。历代帝王官员镜鉴前人之得失，莫不以“如临深渊，如履薄冰”为座右铭。汉武帝说：“战战兢兢，惧不克任，思昭天地，内惟自新。”唐太宗长叹：“水能载舟，亦能覆舟。”冯道更是一生谨慎为官，他侍奉后唐、后晋、后汉、后周四朝十君，拜相20余年，政治方面没有卓越建树，对四代王朝的重大问题没有提供合适的解决方案，担任丞相其实颇不称职，但一生谦虚谨慎，不贪财谋权，不好色纵欲，以“但知行好事，莫要问前程”立身处世，在乱世群雄纵横驰骋的年代依然做了一些繁荣文化的事情。作为领导干部，更要始终保持廉政没有特殊、风险没有例外的警觉性，坚持从小节、小事、“小意思”严起，培养健康高尚的精神追求和生活情趣，纯洁内外交往关系，时刻自重、自省、自警、自励，自觉做到勿以善小而不为，勿以恶小而为之。

防止侥幸，更要靠监督。权力是“公器”，“公器”应该公管，用权就要自觉接受监督。尼克松在《六次危机》一书中说过这样一番话：“如果你想以政治为职业，你就必须要像鱼缸里的一条金鱼，无论从哪个角度看，你的个人生活都应该是透明的、无懈可击的。”这意味着，在法制健全、政治清明的社会，“像金鱼一样活着”是作为政治家（包括各级领导干部）必须付出的代价。现代社会资讯发达，这方面的监督要求更是愈来愈高。监督是一道“防火墙”，可以约束领导干部不犯错误或少犯错误；监督是一套“杀毒软件”，能够及时发现和纠正领导干部的缺点，不至于酿成无可挽回的大错。领导干部应该欢迎监督、希望监督，真正把严格管理监督当作组织上真正的关心、最好的爱护。

习近平总书记最近指出，各级领导干部都要既严以修身、严以用权、严以律己，又谋事要实、创业要实、做人要实。“三严三实”从党性修养、道德情操、为政之要、为人准则等方面，作出了深刻而简明的阐述。各级领导干部理当从思想深处，从日常生活等方方面面，对照检查、提升自己，内化于心、外化于行，涤荡歪风邪气、树立昂扬正气。永远不抱侥幸心理，“常修为政之德，常思贪欲之害，常怀律己之心”，真正做到恪尽职守。

做事篇

做事要现实，凡事都要脚踏实地去做，不流于空想，不图虚名；要从头做起，从小事做起，不要只做大事不做小事；要循序渐进，由浅入深，按照事物的发展规律去做，不急功近利，不急于求成……

“冒风险”漫谈

现实生活中，不管人们愿不愿承认，一个新的观念正在形成，那就是，只有敢于冒风险，勇于打破常规，才能实现经济跳跃发展。这对那种“守分安命，顺时听天”之思想较为严重的人来说，不能不是一种挑战。于是，怨天尤人者有之，满腹牢骚者有之，畏首畏尾者有之。有人片面强调“欲速则不达”“稳定压倒一切”，并以此来安慰自己，往往“稳”字当头，“等”字压阵，不求有功，但求无过，有人则习惯于把“常规”等同于不可超越的“规律”，把“风险”等同于必然会发生的“危险”，甚至感到，提出“打破常规，敢于冒风险”的口号，会诱导人们走“人有多大胆，地有多大产”“不怕做不到，就怕想不到”的“邪路”，进而由心理上的顾虑重重发展到行动上的消极抵触，有人则一味强调本地在资金、人才、资源、地域等方面的种种困难，清规戒律绕一身，从而不敢尝试冒风险的滋味，总是惧怕出了差错，便无法向“江东父老”交代和丢掉“帽子”、变动“位子”；也有人常常自我感觉良好，开口闭口均是“硕果累累”，不思进取，更不愿破常规、冒风险。诸如此类，都将贻误时机，有悖于经济的发展。

事实上，“风险”既不可怕也不可避免，正如俗话所说：“七分把握三分风险。”倘若船怕风险，则永远离不开港湾；倘若哥伦布不敢冒风险，就发现不了“新大陆”，也许美洲大陆要晚几个世纪才会被人发现和开拓。当年深圳、上海出现的证券交易市场、票据贴现市场、外汇调剂市场，不能说不冒风险，但实践证明，这些均对搞活经济有较大的促进。搞经济、办企业，如果不敢接受既困难又能获得成功的挑战，将会造成本来可以成功的许多机遇被丢失的错误。

改革是一场新的革命，要做的是前人没有做过的事情，必然会遇到许多新事物、新问题、新矛盾，也会有一定的风险。这并不可怕，可怕的倒是不思进取，安于现状，坐失良机。

当然，“冒风险”并不是可以胡思乱想，随心所欲地进行决策，也绝非赌博，仍然要从实际出发，坚持适度原则，不脱离实情，不违反国家法律，以科学的态度对待现状与未来。

说“牢骚”

发牢骚，时下常见。有对“腐败现象”切齿痛肤的激烈抨击，也有对人对事的谩骂。牢骚出现，表明人们解除了“挨棍子”“扣帽子”的恐惧心理，有了在人前针砭时事、发泄不满的勇气，也反映了人们的“参与”意识增强，关心起党和国家的命运和前途了。似乎可以这样讲：有说便有望，这是国家兴旺发达的好兆头。

但事情发生过后，往往是忧喜参半的。忧的是，牢骚过甚，无疑会导致民心涣散，对改革和建设是有碍的。平心而论，改革开放给我们的国家带来了十分显著的变化，国民俱得实惠。这一切连外国人也不得不惊叹。尽管如此，我们的社会仍然存在着不可忽视的问题。可有的人往往只见树木，不见森林，忽视了事物的主要方面，过分地把注意力集中在与美好希望背道而驰的细节上，有的还无中生有，造谣中伤，似乎哪个牢骚发得最多哪个就最革命。更有甚者，在大骂别人搞不正之风的同时，自己却照搞不误。

牢骚，从某种意义上说确实代表了一定的民意，各级领导理应从中吸取教训，及时对工作加以改进。对个人来讲，有牢骚固然可发，但更重要的是要多想想自己怎么样，又应怎么办。

“会说”的辩证

现实生活中，人们谈及某人能说会道的时候，对此的反应，大约很有些复杂，有人赞佩，也有人鄙夷。用“能说会道”这个词来评价一个人的时候，它是褒义的？还是贬义的？往往使你很难说清楚。

事实上，“能说会道”不过是世界上的高级动物——人，传情达意，交流思想的手段。有着五千年悠久历史的中华民族，历史上的雄辩家可谓群星灿烂。人人敬佩的毛泽东、周恩来、李大钊、陈毅等，他们个个是知识渊博，语出惊人。似乎可以这样讲，作为一名领导干部，善于说，说得好，某种意义上讲是一种团结、教育、领导群众改造世界的“做”。人们不会忘记，在革命战争年代，我们正是靠着宣传革命的真理，才“唤起工农千百万同心干”，取得了全国的胜利。在今天，同样需要一大批善“说”的人，不断解决各种各样的理论问题和思想迷惑。

当然，至于那种心口不一，表情虚假、皮笑肉不笑，手势不配套，东扯西拉、模棱两可、貌似博学、全是废话，不顾常理、不合逻辑、时序混乱、强词夺理者，倘若也算“能说会道”，群众就自然不会喜欢的。难怪有人发牢骚：“天不怕，地不怕，就怕某领导来讲话。”这种言辞虽未免尖刻，却很值得深思。

谁都知道，实干兴邦、空谈误国。那些言过其实者、夸夸其谈者、空话连篇者、专耍嘴皮子而不干实事者，理当被社会抛弃。但提倡“多做少说”，绝不是就可以不说，绝不是要放弃舆论宣传和思想教育。

笔者认为，“能说会道”对于领导者、宣传思想工作者是其必须具备的本领之一。

话说“只争朝夕”

谁都知晓，在历史长河中，一个人的生命是有限的，从事工作的时间就更为短暂。虽然生命有长短之分，但无论长与短，都是一生，均是一命，并且只能是相对的。按理说，对此人人可坦然视之，实际却不那么简单。自古以来，在对待生命这一问题上，见解不一。有人认为，岁月悠悠，何必太忙；有人认为，人生短促，理应抓紧时间做事。观念不一，效果则不同。笔者感到，还是后一观点更为可取。

读书偶得，鲁迅先生在厦门大学任教时（1926 年），有一位名叫陈梦韵的青年问起他的年龄，鲁迅回答“五十九”。到了 1936 年鲁迅逝世时，陈梦韵才知道，鲁迅故意把自己的年龄加大了十四岁。我想，鲁迅自己把“四十五”说成“五十九”的原因，是自己给自己造成一种紧迫感，促使自己在有限的生命中做更多的事，创造更多的价值。即使在病中，躺在藤椅上，还在想病愈后，动手干什么事，写什么文章。鲁迅这种怀着“五十九”的心情，施展“四十五”的精力，以“二十岁”的速度去工作的精神很值得人们学习。现实生活中，有的人害怕年老，但又不知怎么对付老、战胜老，不知道珍惜眼前的时间，遇事常等明天再说，拖拖拉拉，或者干脆做一天和尚撞一天钟，毫无开拓进取之心。这种无所作为，无所用心的心态必将导致坐失良机，工作被动，事业受损，生命被浪费，于公于私都有害无益。

孔子说：“未知生，焉知死!”生死是玄妙的，无须过多忧虑，最要紧的倒是珍惜今日。毛泽东教导我们：多少事，从来急，天地转，光阴迫，一万年太久，只争朝夕。改革开放，呼唤着“只争朝夕”的精神，愿我们每个人在工作、劳动、学习时都能持“只争朝夕”的精神状态。

凡事应“约法三章”

对于腐败问题，人们街谈巷议，对之无不侧目。但如何做到预防卓有成效？笔者感到这与有些政策存在种种漏洞有关，还是凡事来个“约法三章”为妙。

“约法三章”自古有之。当年刘邦进入咸阳，为废除苛政暴行，与秦民约法三章，以此申明政律军纪，因而深得秦民拥护，秦民用酒肉粮食慰劳三军，刘邦谢而不收，老百姓更加感激，唯恐刘邦不做秦王。

咱们共产党人也常以历史为镜子，订出严格的戒律来律己。陈毅的父母回四川安家时，他对负责陪送的同志“约法三章”，并要求严格按此执行：一、把两位老人直接送到家，不惊动省委；二、找普通的民房住，不向机关要房子；三、安家费自行解决。前些年，某省委、省政府领导下乡考察，与各地市县也“约法三章”：一是只吃工作餐，用当地菜，不准宴请；二是不准在边界迎送，陪同人员和车辆尽可能少，陪同的地市领导均不超过两人，陪同人员车辆不超过两辆；三是不准送任何土特产和纪念品，会场上一律不摆烟和水果。

凡事有了有效的条款，办事便有了规矩，操作起来也就实际得多。

职务就是责任

职务，俗称“官职”。担任了一定的职务，就意味着拥有相应的权力。所谓责任，是一个人所充当的社会角色应承担的义务和遵循的规则。责任是做人的基本，更是做官的基本。宋代名臣范仲淹有着一腔“先天下之忧而忧，后天下之乐而乐”的热血，所以他能为官清正，克己奉公；“鞠躬尽瘁，死而后已”是诸葛亮恪尽职守、尽心尽责的真实写照。封建社会的官员尚能如此，那么，共产党人又该如何呢？

每一名党员、每一名干部，都应该清醒地认识到自己身上所肩负的重任。尤其是担任了一定职务的领导干部，更应有高度的事业心和强烈的责任感，把工作当作第一兴趣，全身心地投入到各项工作当中去，不摆官架，不耍官威，时刻关心人民群众的疾苦，时刻关注党和人民的事业，想事业，干事业。工作上不去，事业无作为，就食之无味、寝之不安。切不可把职务、权力当作一种资本、一种享受；切忌把“浪荡”当作“潇洒”。唯其如此，方能做到仰不愧党，俯不愧民，成为一名合格的人民公仆。

"举重若轻"与"举轻若重"

严格地说，"做官"是桩苦差事、难差事。由于其岗位的特殊性，往往其工作能力和工作方法以及性情爱好诸方面均成为群众议论的话题。近些年来，领导者的工作方法和工作艺术问题，更有愈来愈被大众关注的趋势。现在干部队伍中有不少人在"举重若轻"与"举轻若重"两种方法之间，偏爱和选择前者，甚至有些基层干部为掩饰自己工作不细致、不愿吃苦实干的过失，也在谈自己是"举重若轻"，这确实使人哭笑不得。

所谓"举重若轻"，是指领导者善于抓大事、定方针、作决策，不过多地处理细枝末节和日常事务性问题，从而显得轻松、潇洒的工作方法。相反，"举轻若重"，指的是领导者在工作过程中，抓紧、抓细、抓具体，往往显得繁忙、紧张的工作方法。很显然，两种工作方法、工作风格互相补充、相辅相成、相得益彰，不能绝对地说哪一种好，哪一种不好，只能由各自工作岗位的性质和自身素质特点来定。应当明白，运用"举重若轻"的工作方法，往往是相对于高层领导人、核心人物而言，而作为基层干部尤其是担任副职的领导干部，我以为，既要"身在事之中，心在事之上"，更要勤学好思，重视调查研究和实际操作。空谈误国，实干兴邦。现代化事业是人们干出来的，工作业绩也是苦干实干换来的。“巧诈莫如拙诚。”职务就是责任，责任重于泰山。领导者切不可借口抓“宏观”而放弃该管的事不去管、该做的事不去做。还是把“举重若轻”与“举轻若重”两种方法结合起来为好。

爱花未待花开时

常言说："内行看门道，外行看热闹。"笔者不擅长种花，对如何赏花也毫无研究，只是一直以为花儿争奇斗艳之时，才是招人青睐之际。近日偶尔听得种花能手点拨，爱花未待花开时才算真正的爱花人，便恍然大悟。继而联想起唐人杨巨源写过的一首题为《城东早春》的喻体诗："诗家清景在新春，绿柳才黄半未匀。若待上林花似锦，出门俱是看花人。"很显然，诗人是说人们求贤礼才也同赞赏花木一样，应在"绿柳才黄半未匀"之时，倘若其人功业已就，名位已显，如同上林之花，锦绣之美，那再争做这样的"看花人"就算不得高明了。

古人尚知："识才于未遇，拔之于卑贱。"但当前制约年轻干部培养选拔工作的因素仍然不少。核心问题恐怕还是思想观念问题。一些同志论资排辈、平衡照顾的封建意识根深蒂固，"累日以为劳，计岁以为阶"仍被不少人视为天经地义，"无功即是过，平庸就是错，能上也能下"的观念还未真正树立，"能者上，平者让，庸者降"的机制还没有形成。有些人习惯于墨守成规、求稳怕乱，对年轻干部求全责备，横挑鼻子竖挑眼，总是看不惯、不放心。众所皆知，抓紧培养选拔优秀年轻干部，造就一大批能够担当重任的领导干部是全党特别是党的组织部门的一项重要而艰巨的任务。

“爱花未待花开时”，用人失误、失察固然是错，埋没、耽误人才也是不可原谅的过错。这一点，可以说是古今中外概莫能外。因此，需要转变观念，完善选拔制度，采取有力措施，铺台子、搭梯子、腾位子、加凳子、压担子，使德才兼备的年轻干部在实践中锻炼提高、在最佳工作时期发挥最佳人才效益。

“桐花万里丹山路，雏凤清于老凤声。”年轻干部更应不负重托，勇敢地承担起历史重任。

哪片云会落雨

最近一段时间，新闻媒体频频将各地出现的各种重大伤亡事故予以曝光。这些事故的发生，既令人触目惊心，也令人痛心，也给人们许多方面的警示，但笔者想得最多的还是有关领导的责任问题。

责任是什么？通俗一点说，责任就是做好分内的事。责任，实际上意味着不可推卸的一种义务。各级官员都是人民的公仆，受人民之托，管理国计民生大事。面对授权于我们的人民，掂量掂量手中权力的分量时，应该持有惶恐之心。责任重大，前路艰难，弄不好就会辜负人民的重托，这怎能轻松得起来！不可否认，缺乏应有的工作责任心，把群众的困苦和生命当儿戏，在有些地方确实已经到了严重的地步。一事当前，能推则推，能混则混，稀里糊涂办事，昏昏沉沉度日。往往非要本地、本部门、本单位出了事，才紧张起来，才认真对付，这是极端的糊涂，极端的不负责任。

我们的责任是向人民负责。丢弃责任，也就丢弃了党和政府与人民群众的血肉之情。淡忘群众、漠视群众的利益是不讲政治的典型表现。置人民群众的生命安全不顾，这是更恶劣的腐败！有人说，天有不测风云、人有旦夕祸福，根本不知哪片云会下雨。不错，我们共产党人不是算命先生，但许多事故本来是可以避免的。根本问题在于心里要有群众，要时刻想着群众；在于清醒地认识到自己所担负的责任，坚持不懈地锻炼提高自己履行职责的能力，时时处处以责任二字来规范自己的言行，做到在其位、明其责、尽其职、务其实；在于无论做什么，都应未雨绸缪，防患于未然，正如唐代李绛所云："先忧于事，故能无忧。"；在于严字当头，全面加强管理，并一以贯之地坚持下去，坚决杜绝因工作疏忽、管理不严造成的重大事故和恶性案件。

为何有人“乐此不疲”

何谓“形式主义”？其意明了，无须议论；其危害更是有目共睹，不可小看。那为何讽刺挖苦批判不止，十八般武器轮番上阵，却奈何它不得？任凭上面三令五申，言者谆谆，那里却我行我素，听者藐藐，乐此不疲？这一现象的确值得深思。

既然它具有如此顽强的屡打不败的生命力，则足以说明其不仅仅是“花拳绣腿，中看不中用”。透过现象看本质，是因为：形式主义出“政绩”，要速度有速度、要数字有数字，“官出数字、数字出官”；形式主义最省气力，练好“唱功”就可以，“卧薪尝胆”会上喊，“真抓实干”酒杯干；形式主义最稳妥，跟着“刮风”准没错，别人咋搞你咋搞，“左右”无虞位稳坐；形式主义实惠多，庆典一个接一个，电视有影报有名，名利肚皮都丰收；形式主义真轻松，说了即做了，动了则成了，汇报好了得表扬；形式主义最潇洒，走南闯北忙招商，是否进资不在我，只管外出看风光。类似种种，不难看出，形式主义确实给某些人带来官运，带来实惠，带来享乐，当然有人愿意“乐此不疲”。

毫无疑问，形式主义与弄虚作假是一对孪生子，其核心是利己，其本质特征是不讲效益。形式主义者无脚踏实地之心，有邀功请赏之意，在工作中热衷于做表面文章，这与党的宗旨是水火不容的。而要解决形式主义的问题，最根本的是要端正思想路线，大力倡导真抓实干、求真务实的作风，领导干部要自觉地把解放思想与实事求是统一起来，把高涨的工作热情与严谨的科学态度结合起来，做到讲实话、鼓实劲、办实事、求实效。与此同时，要重点寻求从体制上解决问题的办法，尤其要探索用什么标准考核干部的政绩。不能只听其言，不观其行；不能只看其上多少项目，工农业总产值、GDP 增长了多少，要看其是否身体力行科学发展观，看其有没有提供良好的公共产品、公共服务和营造良好的市场环境和生活环境；不能由少数人在少数人中选人，要增加民众的参与渠道，切实把各级干部置于民众的监督之下，真正让群众公认、政绩突出的人获得荣誉、得到重用；不能只限于教育引导，而要敢于用重典，让那些热衷于形式主义的人真正尝到苦头，从而使他们不能再搞、不敢再搞、不想再搞。

将军赶路，不追小兔

在普通人眼里，领导干部似乎与“忙”结下了不解之缘。“三过家门而不入”“吐哺揽才”“席不暇暖、食不甘味”，等等，说的就是一个“忙”字。在现实生活中，许多领导往往是“两眼一睁，忙到熄灯”，忙得不可开交。

领导干部之所以忙，原因是多方面的。身为领导，担子多、责任重，有许多问题需要研究、解决，过于悠闲了反而有些不正常。但是，领导干部是不是“忙”在了点子上，是不是忙得有价值，这些问题值得我们深思。目前，一些领导干部或被禁锢于文山会海、迎来送往，或整日忙于处理一些小事、琐事，无法保证拥有足够的时间和精力来思考一些带有全局性、前瞻性的大问题。在我看来，这样的“忙”不仅不值得称道，反而需要认真反省——如何提高自己的工作能力和工作效率，如何增强自己的执政能力，这是新时期领导干部必须认真面对和设法加以解决的问题。

“将军赶路，不追小兔”，话语平实，寓意深刻。将军领军出征，兵贵神速，分秒必争。如果因为意外的干扰，耽搁了进程，贻误了战机，就可能导致整个军事行动的失败。从哲学层面来理解，这句俗语的寓意就在于：我们做任何事情、在任何时刻都应分清轻重缓急，要集中精力处理好主要问题，糊里糊涂、三心二意、捡了芝麻丢了西瓜，到头来只能是竹篮打水一场空。

“赶路”与“追小兔”谈的是主次之间的关系问题。优秀领导干部的首要任务是做好领导工作，不必将自己的精力浪费在次要问题上，不应在细枝末节的问题上纠缠不清。领导者一旦在小事上耗费了太多时间和精力，那么你无论有多高的领导水平，都没有时间和精力去施展才干，去谋划大事、抓好大事。何况，如果领导者事必躬亲，不仅会影响自身的工作效率，而且会挫伤下属的积极性和创造性，甚至会导致在工作上出现纰漏。要想做好领导工作，我们的干部必须时刻牢记自己的“将军”身份，学会想大事、抓大事，要善于把握重点，将主要的精力放在对全局具有决定性影响的主要矛盾的主要方面，对一般的事务性工作可授权下属去做，以便自己能集中精力，从总体上把握形势。对那些重点问题的重点方面，领导者要进行充分的研究，运用自己的权力和影响力进行统一调度，形成拳头，推动大事的解决，始终将大局置于自己的掌握之中。

为国辛苦为民忙，是领导干部的职责所在，也是领导干部的光荣所在。领导意味着奉献、意味着服务，辛苦一些是应当的。但是，要忙在点子上，要忙出效率来。多一些时间思考，多一些时间总结，时刻保持清醒的头脑和敏锐的思维，善于抓住主要矛盾和突出问题，这对领导者提高领导能力和执政水平至关重要。与此同时，优秀的领导者还应该努力做到忙而不乱，忙闲有度，劳逸结合，保持健康的身心和旺盛的精力，这样才能自如地应对繁重的工作，为党为人民多做工作、做好工作。

慎用“原则上”

汉语中有不少词汇和语句，有时确实是妙不可言。同样一个词、一句话，可以包含好多种意思，有的甚至是相悖的。如果在原有的基础上加上一个字，其含义则会完全变味。比如“原则”“原则上”“原则话”，虽然三者只有一字之差，但其含义却相距千里。

“原则”一词，词典上解释为“说话或行事所依据的法则或标准”。党的原则一经确立，便成为共产党人一切行动的指针。

原则既然是准则，就具有其规范和指导作用，应该是刚性的，不可随意变通。然而，人们通常所听到的“原则上”就不一样了。有的时候，它便成了与法则、标准等对立的一团“稀泥”。有的领导干部在讲话或签署意见时，常常使用“原则上”这样的措辞，并且隐含着一个潜台词：特殊情况例外。由于有了这样的含糊其词，少数人更是运用得“得心应手”：对不给好处的讲原则，得了好处就“原则上”；对普通群众讲原则，沾亲带故就“原则上”；于公讲原则，于私“原则上”……活脱脱一个“对人马列主义、对己自由主义”的翻版，以原则性与灵活性相结合为名，行违法乱纪不讲原则之实，其结果只能是误了党的事业，误了人民群众，最终也误了自己。很显然，“原则上”一词的肆意使用和发挥，实在有违原则之初衷。所以说领导干部理当慎用“原则上”。

说话、办事讲原则，本来就是天经地义的事情。但现实生活中，人们通常所说的“原则话”，是指有纲无目、有筋没肉、空洞乏味、华而不实的话。也就是说，“原则话”往往是正确无比、左右逢源的话，是泛泛而谈、漫无边际的话，是中听不中用、于实际无补的废话。“原则话”之所以常常从有的领导干部的口中说出，是因为说“原则话”容易、说“原则话”稳妥、说“原则话”保险。说穿了，还是个人私心太重，是怕负责任、不作为的具体体现。其实，老百姓最怕领导干部讲“原则话”。它让人弄不清该干什么，不该干什么；怎么干才对，怎么干不对；怎么干有利，怎么干无益。众所周知，老百姓最需要的是解决实际问题、真抓实干的领导。

不谋下政

荀子曰："主好要则百事详，主好详则百事荒。"意思是说，君主善于抓要领，那么各种事情都会被处理得井井有条；如果君主喜欢样样都抓，那么事情反而会杂乱无章。这里说的是领导者的领导方法和工作方法的问题。

领导干部在其位，固然要谋其政。但谋其政并非要事必躬亲，而应实行层级管理，分而治之；应"不谋下政"，让下级"各得任其职"，有权处理他们职权范围内的事情，发挥出下级的聪明才智。根据分级管理的原则，上下级机关和领导人要明确划分职权和责任范围，实行分级责任制，各司其职，各负其责。实践证明，只有加强分级责任制，才能分权分工，分级治事，分层负责，激发民主精神，发挥各级的主观能动作用和创造性。

任何人都无法做到事无巨细、包办一切。当一切都由上级包办时，作为部属谁还有主动性和责任心呢？因此领导干部要相信群众、相信下属，善于用人，善于调动部属和员工的积极性。只有把大家的积极性都调动起来的领导，才是高明的领导，才能做到事半功倍、忙而有序，才能真正履行好自己的职责。

幽默也是一种能力

幽默，是以温和宽厚、不动声色的态度，用俏皮、诙谐、含蓄的语言，进行批评、赞美或自嘲，使人们在会心的微笑中得到启迪、警觉和快乐。

幽默是思想、才学和灵感的结晶，能使语言在瞬间闪现出耀眼的智慧火花。幽默不是粗俗的闹剧，而是一种高雅的艺术。幽默不是使对方感到尴尬、有伤对方感情、有辱对方自尊的嘲笑或讥讽。幽默是一种思想的健美操，需要经过长期的思想锻炼；幽默是一种文化的积淀，需要达到一定的文化水准；幽默是一个人整体素质的组成部分，体现着一个人的精神世界、道德情操、文化修养。

幽默可以活跃场面气氛，使人消除紧张、减轻压力，避免尴尬并化解矛盾。幽默好比温润细雨，好比潺潺流水，好比融融春光，孕育着人与人之间愉快、祥和的气氛；幽默好比化学反应中的酸碱中和，常可以化干戈为玉帛，使剑拔弩张的双方相视一笑，握手言和。

如果我们的日常生活中多一点幽默，少几分呆板，是不是会增添生活的愉快和人们对生活的热爱？如果我们的工作中多一些幽默，少几分冷峻，是不是会减轻工作的重负、增进工作的热情？如果我们在思想政治工作中多一些幽默，少一些照本宣科，用幽默来创造一种融洽、轻松、和谐、友善的气氛，思想政治工作将会增加多少吸引力、说服力、凝聚力啊！

领导干部要出色地做好工作，需要具备多方面的能力，需要讲究一定的领导方法和艺术。其中，学会幽默、善于幽默，也是各级领导干部提高领导艺术、改进领导方法的一个重要方面。古今中外，许多杰出政治家都是运用幽默艺术的大师；现实生活中，不少领导干部也是善于运用幽默艺术的高手。他们借助恰到好处的幽默，在领导工作中往往能收到妙趣横生、活跃气氛、赢得人心的独特功效。尤其在处理和解决一些棘手问题时，他们不仅仅靠权力，而且辅之以适度的幽默，使工作的阻力大大减少，使问题的处理大为顺利。概括地说，幽默在领导工作中的主要作用体现在：可以在同事之间或上下级之间起到润滑剂的作用，有利于创造宽松的工作环境；可以通过展现领导者的真诚、坦率、宽容和大度以及乐观开朗、奋发向上的精神风貌，提高其在群众中的威信；可以通过激发人们的情绪和创新意识，增强人们不怕困难、迎难而上的信心和勇气，提高领导工作的有效性；可以通过强化领导者的个性风采、增强领导者的人格魅力来提高其对于周围人的亲和力、影响力与凝聚力，进而增强领导班子团结，密切干群关系。

然而，幽默不可滥用，否则便会失之于油滑。事实告诉我们，一个具有高品位、胸怀坦荡的乐观自信者，就突出地具备了幽默感的性情和活力。相反，若是趣味低级、邪邪乎乎、流里流气，那就惹人憎恶了。作为一名领导干部，如果不把握幽默的分寸，为幽默而幽默，必将损害自己在别人心目中诚实、庄重、可信的形象，减轻自己在别人心目中的分量，甚至直接影响领导工作的顺利开展。所以，幽默是一种修养，也是一种能力。领导干部要拥有这种能力，并且不断提高这种能力，就应当懂得什么才是真正的幽默，从而把幽默运用得恰到好处；就应当不断提高自身的修养，努力拓宽自己的知识面，丰富自己的学识；就应当注意观察，重视把蕴藏于生活中和群众中的种种有趣现象进行概括和提炼，以丰富自己的幽默素材；就应当注重实践，在实际工作中经常使用幽默，并且善于总结。长此以往，就能够掌握幽默的奥秘，提升幽默的技巧。

在“借”字上巧做文章

借，自古以来就与人类结下了不解之缘，不但被平民百姓广泛用于日常生活之中，而且也为领导者广泛用于领导活动中。如渔民出海借风使船，文人墨客借物咏诗，三国刘备借地立国等，不胜枚举。至于“借东风”一说，更是耳熟能详。所谓“借东风”，就是凭借外部力量解决处理问题的方法。还有“借镜子”一说，刘昼《新论·贵言》中说：“人目短于自见，故借镜子以观形。”“借镜子”就是领导者要从别人那里吸取经验教训，指导和改进自己工作方法的一种领导艺术。此外还有“借智慧”“借优势”，等等。

唯物史观告诉我们，英雄人物在历史上起着重要的作用，但人民群众才是历史的创造者，两者是辩证的统一。英雄人物除了靠自己的智慧外，还要靠巧借“东风”，借助多方力量，利用各种有利条件。领导者要做好领导工作，靠个人的力量总是有限的，必须在借字上巧做文章，充分利用各方面的力量，以形成合力，这样才能使工作顺利开展。

那么领导者如何寓“借”于领导工作之中呢？

一是要巧借声势之风。有时善于借势、造势、用势，营造氛围，便可乘势而上，势如破竹。所谓“借势”，是指借助某种形势、氛围或某种外力的作用来推动和促使自我实现的工作方法。善于借势，是思想观念转变的结果，是事半功倍、达到预期目的的重要手段。运用好借势，需要有意识、有眼光、有水平，要对形势、趋势、态势进行分析和把握，对时代特征、主要矛盾、发展规律等战略问题进行认识和把握。要学会借势来造势，集聚物质力量、争取人心、创造有利的工作氛围，借势而上，抢占先机，促使目标的实现。

二是要巧借政策之风。党和国家重要会议的召开，重要政策的出台，重大活动的开展，必将给全国各地的改革和发展以恰好的机遇。而巧借政策之风，容易在大环境下，形成小气候，容易达成共识，往往有事半功倍之效。

三是巧借群策群力之风。人民群众创造历史，是党的力量之源和胜利之本。密切联系群众是我们党的优良传统和政治优势，群众路线是我们党的根本工作路线、具体的领导方法和工作方法。借助群众的力量，依靠群众，群策群力，任何困难都会攻无不克。

四是巧借舆论之风。用正确的舆论引导人，这是我们常用的工作方法，借助新闻媒介的宣传报道，让好的正确的响起来、亮起来，让差的也曝光于众，正气压倒邪气，形成一种正义的、正直的、正确的舆论氛围，犹如工作中的润滑剂，能迅速、高效地开展工作。

五是巧借外脑之风。智慧是成功之母，开拓创新之源。一个高明的领导者，不在于他的水平有多高，而在于能否调动周围人的积极性、创造性，在于能否集群众智慧为己用。领导者最重要的是善于集中群众的智慧，《淮南子·主术训》中说：“众知之所为，无不成也。”要巧借外脑，外请有关专家、学者前来考察论证、献计献策，丰富自己的思想。

六是巧借机遇之风。“机不可失，时不再来。”机会、机遇是个偶发因素，稍纵即逝，极容易擦肩而过。因此，作为领导者，要努力适应形势发展要求，保持主动状态，要善于捕捉机遇、发现机遇和抓住机遇，从而推动工作开展。

强化时间观念

随着社会的发展，人们的时间观念、效益观念发生了重大的变化。珍惜时间，已经成为一种共识。珍惜时间，提高效率，关键在于驾驭好时间，做时间的主人。驾驭时间有心理因素，也有技术因素。从心理因素来说，就是要增强主动性，克服惰性。从技术因素来说，就是要学会抓主要矛盾、把握今天、积“零”为整等技巧。

以下四种提高效率的方法值得借鉴：一是“第克泰时间”法。第克泰时间即上班后的一小时，这是人们工作效率最高的时段。“第克泰时间”法就是要求人们谢绝会客，利用这段时间来回复昨天下班到今天上班之间接到的函件。操纵世界经济的犹太人以“马上解决”作为座右铭，在他们的办公桌上，永远看不见“未决文件”。作为领导干部，可以学会这种提高工作效率的办法，提倡手头工作立即处理、日清日结，克服办事拖拉的不良风气。二是授权借时法。授权借时，就是领导者让下属适当替他分担一部分任务，从而使自己从纷繁复杂的事务中理出头绪，更好地解决最紧迫、最重要的事。三是时间隔离法。效率专家德鲁克在《有效的管理者》一书中，曾提到一家银行负责人在每天的工作时间内，保持90分钟的隔离时间。他说：“我严令我的秘书，除美国总统和我的内人之外，无论什么大事，不要把任何电话接给我……虽然这样或许有些冒险，需要勇气，说不定真有天大的等不及的事情。”但这种方法却大大提高了他的时间利用率。爱因斯坦在 1906 年完成了“狭义相对论”以后，经过 10 年的酝酿准备，在 1916 年的一天，告诉家人任何事情都不要干扰他，一连 16 天没有出门。当他走出门时，手里拿着几张写满了数学公式的稿纸，那就是改变了人类整个世界观的“广义相对论”。四是限制电话法。应尽量减少不必要的电话，采用最简洁的语言回话。先用诚恳的语气接听电话，避免闲谈，务必让人知道你的工作时间与休息时间，防止中途打扰。压缩通话时间，有话则长，无话则短。

时间是宝贵的，把更多的时间用于学习、思考和工作，实乃民之福音、国之福音。珍惜时间、抓住时间、充分利用时间，善于创造效率的领导者，才是最出色的领导者。

一定要抓好经验总结

经验对工作、对事业、对人生都是宝贵的。对于领导干部来说，无论是认识问题、理清思路，还是解决问题、推进工作，都离不开经验。善于总结经验，是领导干部适应新形势、迎接新挑战、实现新跨越的迫切要求。特别是在新情况层出不穷、新任务日益繁重的新的历史条件下，往往是老经验、老办法难以适用了，如何少走弯路、少受挫折，顺利地解决各种难题，有效地推动工作，是摆在每位领导干部面前一个很现实的课题。

经验是在实践中形成的，经验需不断地加以总结，才能进一步指导实践。我们党历来重视总结经验，善于利用经验来推动革命、建设和改革。在革命战争年代，我们用打一仗总结一次经验的方法，从不会打仗到会打仗；在和平建设年代，我们也是用边干、边学、边总结的方法，从不会搞建设到会搞建设。我们党历史上有几次思想上大的飞跃，都得益于下功夫进行总结。

经验只有不断总结，才能得到丰富。实践是永无止境的，经验作为伴随着人们实践活动而产生的经历与体验，与实践的进程相统一，也有一个由匮乏到丰富、由浅显到深刻的不断发展过程。这就决定了对经验的总结和提炼不是一蹴而就的，而是一个不断积累的过程。经验只有不断总结，才能保持鲜活。一切事物都处于不断的发展变化中。只有对经验不断加以总结，人们才能更好地适应事物的发展变化，把握规律，用以指导实践。经验只有不断总结，才能推动工作。总结经验的过程，既是一个回顾过去的过程，更是一个推陈出新的过程。一次总结就是对工作的一次检验，对事业的一次促进。

总结经验充满辩证法，需要把认识论和方法论统一起来。在总结经验的过程中，既要总结正面的经验，又要总结反面的经验。邓小平曾经指出，历史上成功的经验是宝贵财富，错误的经验、失败的教训也是宝贵财富。成功的经验鼓舞我们，增强我们的信心；错误的、失败的经验给我们以深刻的教训，使我们获得清醒的认识。我们既要注重总结历史经验，又要注重总结新鲜经验。历史的经验值得总结，可以获取发展动力，可以避免重走弯路；新鲜的经验需要总结，可以使我们不断适应客观世界的新变化，可以加快各种问题的解决，可以改进工作，可以闯过各种难关。我们既要吸取国内的经验，又要吸取国际经验。经济的全球化越来越把不同国家、民族不可分割地联系在一起。不利用国际经验和条件，就是把自己孤立于世界之外。近些年来，我国经济快速发展，综合国力明显上升，这跟借鉴国际经验是分不开的。

搞好总结，有四点很重要。一要实事求是，分清哪些是经验，哪些是教训，既要看到成绩增强信心，又要看到问题明确改正的方向；二要自觉运用马克思主义的立场、观点和方法分析问题，归纳总结；三要不断提高自身总结经验的本领，善于将丰富的材料加以去粗取精、去伪存真、由此及彼、由表及里地改造和提炼，进行细致的分析、综合、概括、抽象工作；四要注重培养自己对理论研究的兴趣，通过总结过去，汲取理论经验，多做一些理性思考，使将来的工作更主动、更出色。

此外，一个成功的领导干部，不仅要善于总结经验，还要善于推广经验。总结经验，是为了更好地指导工作、改进工作，对那些成功、适用的经验要及时加以总结推广。经验往往在基层，根植于基层广大实践工作者。领导干部要经常深入基层搞调查研究，了解基层情况，掌握工作动态，体察工作得失，弄清举措的优劣，总结基层那些最有效的经验和成功的做法，树立典型，并加以宣传推广，以指导实践，改进工作，取得事半功倍的效果。

值得注意的是，领导干部固然要善于总结经验、积累经验和推广经验，但也不能抱着经验不放，更不能唯经验是从、照搬照套。现实是不断发展变化的，新情况、新问题不断涌现，不能仅凭过去的经验行事。领导干部不仅要善于总结经验，而且一定要坚持从实际出发，因时、因地制宜地做好总结工作，切实把那些成功的经验学活、用好。

历史的经验值得注意

人们总是在过去的历史经验下把握现在的发展过程，在今天的现实条件下谋划将来的发展思路。总结历史经验是掌握事物发展客观规律的基本途径，是历久弥新的课题。在全面建成小康社会的新世纪，我国进入改革开放的攻坚阶段，面对新形势、新问题、新挑战，提高历史知识素养，科学总结历史经验，对于提高领导干部的执政能力和领导水平具有重要意义。

一、科学总结历史经验是中国共产党的政治优势

学习和总结历史经验是“建设学习型政党”应有之义。共产党人向来有尊史、学史、研史、用史的优良传统。恩格斯曾经指出：“历史就是我们的一切，我们比任何一个哲学学派，甚至比黑格尔，都更重视历史。”他还说过：“我们仅仅知道一门唯一的科学，即历史科学。”在革命战争年代，毛泽东指出：“指导一个伟大的革命运动的政党，如果没有革命理论，没有历史知识，没有对于实际运动的深刻的了解，要取得胜利是不可能的。”在改革开放的新时期，邓小平强调，“了解自己的历史很重要”，特别是要学习中国革命史和中国共产党的历史。“总结历史是为了开

辟未来。”我们要用历史教育人民、教育青年、教育干部。江泽民指出：“一名领导干部不善于从历史中吸取营养，不可能成为高明的领导者；一个政党不善于从总结历史中认识和把握社会发展的规律，不可能成为顺应历史潮流的自觉的政党；一个民族不善于从历史中继承和发展本民族和世界其他民族创造的优秀文明成果，就不可能屹立于世界民族之林”。在推进社会主义事业全面发展的新世纪，胡锦涛强调：“社会主义是在实践中不断发展的，也是在总结经验中不断前进的。善于总结和学习经验，是我们党的光荣传统，是推进马克思主义基本原理同中国具体实际相结合的重要途径。”习近平强调：“学习党史、国史，是坚持和发展中国特色社会主义、把党和国家各项事业继续推向前进的必修课。”

总结、尊重、珍惜和运用历史经验，是中国共产党的一大政治优势。以毛泽东为核心的党的第一代中央领导集体，把马克思主义的基本原理与中国实践、中国历史和中国文化结合起来，在总结中国革命和建设正反两方面经验的基础上，创立了毛泽东思想，指导中国革命走向胜利，建立了社会主义制度，为中国全方位的进步和发展奠定了坚实的基础。以邓小平为核心的党的第二代中央领导集体，围绕着什么是社会主义、怎样建设社会主义这一根本问题，在总结新中国成立以后正反两方面建设经验的基础上，创立了邓小平理论，把中国特色社会主义推向前进。以江泽民为核心的党的第三代中央领导集体，围绕着什么是初级阶段的社会主义、在初级阶段怎样建设社会主义和建设什么样的党、怎样建设党这个中心问题，概括了党领导人民建设中国特色社会主义的十条基本经验，提出了“三个代表”重要思想，为开创中国特色社会主义建设事业新局面提供了思想武器。以胡锦涛为总书记的党中央，科学总结二十多年来改革开放和现代化建设的成功经验，吸取了世界上其他国家在发展进程中的经验教训，提出了科学发展观、加强党的执政能力建设和先进性建设、构建社会主义和谐社会、建设社会主义新农村、社会主义荣辱观等一系列重大的理论问题和实践问题，为全面建成小康社会和实现第三步战略目标提供了新的行动指南。以习近平为总书记的新一届中央领导集体在总结近代以来中华民族的夙愿和梦想的基础上，提出了“两个一百年”的奋斗目标和实现中华民族伟大复兴的中国梦。

二、科学总结历史经验对提高领导干部执政能力的重要作用

科学总结历史经验，有助于领导干部认识和把握社会发展的客观规律，坚定共产主义理想和中国特色社会主义信念。清代历史学家龚自珍曾经说，“出乎史，入乎道”“欲知大道，必先为史”。意思是说，要想探索宇宙和社会发展的客观规律，必须首先研究社会发展的历史。中国共产主义运动的先驱李大钊也说过：“言国情者，必与历史并举。”因为“昔日之国情，即今日之历史；来日之历史，犹今日之国情”。一个民族如果忘记了自己的历史，就不可能深刻地了解现在和正确地走向未来。邓小平在科学总结中国近现代历史发展过程时说：“这个历史告诉我们，

中国走资本主义道路不行，中国除了走社会主义道路没有别的道路可走。一旦中国抛弃社会主义，就要回到半殖民地半封建社会，不要说实现‘小康’，就连温饱也没有保证。所以了解自己的历史很重要。”“把马克思主义的普遍真理同我国的具体实际结合起来，走自己的道路，建设有中国特色的社会主义，这就是我们总结长期历史经验得出的基本结论。”通过学习历史，领导干部可以深入领会社会主义必然代替资本主义的客观规律，深刻认识党的领导和社会主义道路是历史的选择、人民的选择，从而倍加珍惜党和人民探索的革命、建设和改革的道路而不会偏离这条康庄大道。

科学总结历史经验，有助于领导干部提高制定和执行正确路线、方针、政策的能力。1987 年 5 月，邓小平在向荷兰首相吕贝尔斯介绍我们党的历史之后说：“我为什么讲这个历史？因为我们现在的路线、方针、政策是在总结了成功时期的经验、失败时期的经验和遭受挫折时期的经验后制定的。历史上成功的经验是宝贵财富，错误的经验、失败的经验也是宝贵财富。这样来制定方针政策，就能统一全党思想，达到新的团结。”

科学总结历史经验，有助于领导干部了解历史上治乱、兴衰、成败的经验教训，提高治国安邦的能力。我国古代就有“治天下者以史为鉴，治郡国者以志为鉴”之说。学习和了解“究天人之际，通古今之变”的历史，领导干部可以增长学识，丰富智慧，明辨是非，博古通今，放眼过去，展望未来。以史为鉴，可以知兴替；以史为鉴，可以治世事；以史为鉴，可以通人理。著名史学家司马光编撰《资治通鉴》的原则是：“专取关国家盛衰，系生民休戚，善可为法，恶可为戒。”他希望最高统治者读后能“鉴前世之兴衰，考当前之得失，嘉善矜恶，取是舍非，足以懋稽古之盛德，跻无前之至治”。可见，学习历史不是颂古非今，而是为了寻求治国安邦的大计。

科学总结历史经验，有助于领导干部培养强国富民和实现中华民族伟大复兴的精神动力。在中华民族五千多年的发展中，形成了以爱国主义为核心的团结统一、爱好和平、勤劳勇敢、自强不息的伟大民族精神，积千年之精华，博大精深，根深蒂固，是中华民族肌体中不可分割的灵魂。领导干部应该成为传统文化的最优秀的继承者、发扬者、传播者和创造者，成为弘扬和培育中华民族精神的典范，为建设中国特色的社会主义提供不竭的动力。

科学总结历史经验，有助于领导干部掌握和运用科学的历史观，提高辨别善恶是非和维护社会主义意识形态安全的能力。近年来，一些日本右翼势力不顾中、韩等国的严正抗议，大肆篡改历史教科书，美化侵略战争，公然为侵略战争翻案。苏联亡党亡国的原因之一，就是从否定斯大林到否定列宁，以致否定了十月革命的道路和社会主义制度。龚自珍曾经精辟地指出：“灭人之国，必先去其史；隳人之枋，败人之纲纪，必先去其史；绝人之材，湮塞人之教，必先去其史；夷人之祖宗，必先去其史。”领导干部特别是高级干部，如何看待党和国家的历史，对于维护以马克思主义为核心的社会主义意识形态，对于维系全国人民共同奋斗的精神支柱，对于维护国家的安全具有至关重要的作用。

三、科学总结历史经验需要把握的几项原则

运用什么样的历史观总结经验教训，是一个根本的问题。如何总结历史经验，实质上涉及世界观、历史观、人生观和价值观的问题。只有历史唯物主义，运用马克思主义的立场、观点和方法总结历史经验，以正确的理论武装人，以辉煌的成就鼓舞人，以成功的经验启迪人，以失败的教训警示人，以科学的规律引导人，以伟大的事业感召人，才是科学的方法和态度，才能得出正确的观点和结论，才会得到积极的启示和收益。

科学总结历史经验，最根本的原则是把马克思主义的普遍真理与中国实际、中国历史和中国文化结合起来，全面地占有材料，从中引出规律性的结论。具体来说应坚持以下几个原则：

一是历史的观点。任何事物的发展都有一个从萌芽到成长壮大、从不成熟到成熟的过程。总结历史经验，应该把对象放到当时的历史背景下去考察，判断它的历史价值和局限，不能以今天的标准来衡量一切。列宁指出："在分析任何一个社会问题时，马克思主义理论的绝对要求，就是要把问题提到一定的历史范围之内。"1956 年 11 月，毛泽东在《纪念孙中山先生》一文中曾经指出："像很多站在正面指导时代潮流的伟大历史人物大都有他们的缺点一样，孙先生也有他的缺点方面。这是要从历史条件加以说明，使人理解，不可以苛求于前人的。"

二是全面的观点和发展的观点。把握对象的本质和主流。在对象发展的整个历史过程中，是正确的方面占主流，还是错误的方面

占主流；是成功的经验占主要地位，还是失败的教训占主要地位，都应该有一个明确的划分。既要坚持两点论，也要坚持重点论。

三是实事求是的观点，对事物作出恰如其分的分析。不夸大、不缩小、不文过饰非、不无限拔高。邓小平在评价党和毛泽东的错误时指出："对于错误，包括毛泽东同志的错误，一定要毫不含糊地进行批评，但是一定要实事求是。分析各种不同的情况，不能把所有的问题都归结到个人品质上。毛泽东同志不是孤立的个人，他直到去世，一直是我们党的领袖。对于毛泽东同志的错误，不能写过头。写过头，给毛泽东同志抹黑，也就是给我们党、我们国家抹黑。这是违背历史事实的。"如果"否定毛主席，就是否定了中华人民共和国，否定了整个这一段历史"。

四是辩证的观点。一分为二地分析对象，防止绝对地肯定或者绝对地否定。邓小平曾说："评价人物和历史，都要提倡全面的科学的观点，防止片面性和感情用事，这才符合马克思主义，也才符合全国人民的利益和愿望。"当我们说某个历史事件成功或者比较成功的时候，并不意味着什么都好，没有任何教训可以总结了；当我们说某个历史事件严重的错误甚至全局性的错误的时候，也并不是说没有任何可以肯定的东西了。究竟是错误占主要地位，还是正确占主要地位，错误与正确的程度和影响如何，不能因为某方面正确就认为完美无缺，也不能因为某方面错误就一无是处。

对历史事件的分析，要注意内因和外因的辩证统一。内因是决定性的因素，外因通过内因起作用，因此在总结历史经验的时候，应着重分析内因，而不应过分地强调外因的作用。在总结历史经验的时候，除了分析历史条件、社会条件、国际条件等因素之外，关键分析我们党实施的路线、方针、政策以及党自身的建设问题，哪些是成功的，哪些还存在重大的缺陷或不足；正确的经验应该如何继续坚持、发展和创新，错误的教训应该如何避免重犯，并且找出解决的办法。

在总结失败的教训时，应着重分析错误的内容和原因，而不应简单地归结为个人品质问题。毛泽东在《学习和时局》中指出："不应着重于一些个别同志的责任方面，而应着重于当时环境的分析，当时错误的内容，当时错误的社会根源、历史根源和思想根源。"

同时，还要辩证地看待错误和挫折背后孕育的积极成果。能否科学地对待自己的错误，是衡量一个政党是否成熟的标准，也是一个政党是否具有生命力的主要标志。对一个强大的、负责任的政党来说，不在于它不犯错误，而在于它如何对待错误，避免重犯错误，在纠正错误中把自己的事业推向前进。错误和挫折并不纯粹是消极因素，也孕育着走向胜利的基因。正像恩格斯所指出的那样："伟大的阶级，正如伟大的民族一样，无论从哪方面学习都不如从自己所犯错误的后果中学习来得快。"

四、科学总结历史经验需要注意的几个问题

科学总结历史经验，要与领会、贯彻和完善党的基本理论、基本路线、基本纲领和基本要求联系起来。中国共产党在总结历史经验和实践的基础上，逐步形成了党的基本理论、基本路线、

基本纲领和基本要求，这些是各级领导干部做好工作的指针和法宝，有利于加深对中国特色社会主义理论的认识。

科学总结历史经验，要与工作实际联系起来，做到学以致用。总结历史经验不是为了发思古之幽情，而是为了掌握科学的历史知识，提升理论水平，提高认识世界、改造世界的能力，增强领导社会主义建设的本领。

科学总结历史经验，要正确处理继承和发展之间的辩证关系。毛泽东指出："人类的历史，就是一个不断地从必然王国向自由王国发展的历史。这个历史永远不会完结……因此，人类总得不断地总结经验，有所发现，有所发明，有所创造，有所前进。停止的论点，悲观的论点，无所作为和骄傲自满的论点，都是错误的。"

科学总结历史经验，要正确把握改造客观世界与改造主观世界的辩证关系。李大钊说过，"历史观与人生观有密切的关系"，"欲得一正确的人生观，必先得一正确的历史观"。科学总结历史经验，有助于领导干部巩固理想信念、提升精神境界、遵守职业道德，树立正确的世界观、人生观、价值观和权力观、地位观、利益观。人的主观世界得到改造，反过来也有助于科学总结历史经验，从而提高改造客观世界的能力。

总之，领导干部总结历史经验，既要总结经济社会发展进程中的历史经验，也要总结国家、部门和单位实践过程中的新鲜经验，不断作出科学的归纳和概括，把历史经验和新鲜经验结合起来研究和回答问题；既要总结正面的历史经验，也要总结反面的历史教训，系统分析成功或失败的原因和条件，在正反两方面经验的比较和参考中研究和回答问题；既要总结国内的经验，又要总结外国在经济社会发展过程中的经验和教训，结合中国的国情和部门的实际，在借鉴和警醒中研究和回答问题。领导干部要紧紧围绕重大理论和实践问题，进一步加大调查研究力度，带头进行经验总结，带头进行理论思考，努力形成有分量、有价值的研究成果，更好地指导和推动各项工作。

批评的“逆耳忠言”与“顺耳忠言”

批评与自我批评是我们党的优良作风，也是共产党员保持先进性、纯洁性的重要保证。每一位领导干部都应始终站在党的事业和人民利益的高度，讲党性、讲原则、讲真理，不讲关系、不讲面子，谈问题不回避，找差距不护短，查根源不遮丑，积极开展健康的思想斗争，勇敢地拿起批评与自我批评的武器。但拿起批评的武器，有一个区别对待的问题，还有一个讲究方法和艺术的问题。

如果下属所犯的是原则性错误，并且自我认识能力差，固执己见，就得用严肃的态度、鲜明尖锐的语言对他直接提出批评，这就是人们通常所说的“忠言逆耳”。毛泽东向来主张对有些人的批评应该是尖锐的。他说过，你不那样尖锐，不切实刺一下，他就不痛，就不会注意。抓不住错误的实质，浮皮潦草的批评，达不到引起警觉、认识错误、总结教训、提高认识能力的目的。在1942年的延安整风运动中，毛泽东就是运用这种批评方法，给了主观主义、教条主义、宗派主义和党八股以致命的一击。实践表明，这种言辞激烈、火药味浓的批评方法对于“重病患者”是一剂救命良药，给全党敲响了警钟，指明了方向，效果是显著的。

“良药苦口利于病，忠言逆耳利于行。”对这句至理名言，那些听不得批评意见的同志确有认真领会的必要。然而，医药科学发展至今，许多良药或包糖衣，或经蜜炙，早已不苦口了。语言科学发展至今，如果讲究批评的方式方法和语言艺术，也可做到“忠言不逆耳”，老少都愿听。由此可见，作为一个批评者，在批评别人时不必拘泥于“忠言逆耳”的格式。要知道，尽管批评有时以“尖刻”的面目出现，但在本质上并非对抗性的行为。真正高明的批评，更多的是交流、引导和印证。俗话说：“良言一句三冬暖，恶语伤人六月寒。”自然，这里所谓的“良言”，并非仅指好听话，也指深得人心的话。批评旨在帮助别人改正错误，不断进步。因此，批评首先要使被批评者听得进去。倘若批评者不讲方式，简单粗暴，“耳”是“逆”了，却收不到好的效果，批评也就达不到“利于行”的目的，甚至会激化矛盾。可见，批评者注意“忠言顺耳”是十分必要的。

在一般情况下，领导干部开展批评应努力寻求恰当的批评方法，善于将“逆耳忠言”变为“顺耳忠言”，以达到批评的最佳效果。要做到“忠言顺耳”，在批评过程中应当注意以下几个方面。

要有与人为善的动机和态度。批评的目的在于帮助对方纠正学习、生活和工作中的缺点，而不是为了给人难堪、与人过不去，也不是为了借机出风头、表现自己。只要从善良的愿望出发，本着认真负责的态度提出忠言、进行批评，那么，这样的忠言就既顺耳也容易被接受。因此，在批评别人的时候，要把情绪放平稳一些，态度放和蔼一些，语气放舒缓一些。

批评要实事求是。对方究竟有没有错？错在哪里？为什么错了？对这些问题要调查清楚，以便在批评时做到有根有据，而不能随意上纲上线，更不能无中生有，乱扣“帽子”，乱打“棍子”。要通过摆事实、讲道理，让对方认识到自己确实错了，这样的忠言才既顺耳也管用。

批评要切中要害，把握分寸。对方有什么缺点就指出什么缺点，有一说一，有二说二，切不可添油加醋，夸大其词。只要将问题找准了，实质抓住了，分寸把握好了，说到点子上了，那么这样的忠言就不但顺耳，而且还会使对方心服口服。

批评要注重建设性。一味地批评别人做得不对、做得不好，却不肯提出如何改进的建议，如此忠言既逆耳又于人无益、于事无补。理想的方法是在否定别人的同时，还要提出具体的、建设性的意见，使被批评者感到你确实是在真诚地帮助他。

讲究批评的方式方法。如果批评的内容非常严肃，口气却是温和的；批评的态度非常直率，形式却是委婉的，使被批评者感到如沐春风，那么这样的忠言就既顺耳也更有说服力。因此，应善于用间接含蓄的方式把批评的意见表达出来，善于用幽默诙谐的方法来批评他人，在轻松愉悦的氛围中使人接受批评。要注意分清场合与时机，千万不可进行批斗会式的批评。

这里所说的让忠言顺耳些，并非提倡是非不辨、美丑不分，也不是为了掩盖矛盾，以求暂时安稳而采取和事佬的方式，更不是将批评变成表扬。当然，忠言顺耳并不是唯一正确的批评方法，对待一些政治性、原则性问题，如果语言温情脉脉，口气软弱无力，不仅会误导别人，也容易使自己陷入错误的泥坑。对此，我们应当谨慎处置，决不能生搬硬套，大而化之。

提倡忠言顺耳，旨在强调批评应当讲究艺术，注意掌握方法和技巧，正确运用好批评的武器，在思想政治工作中做到既循循善诱又坚持原则。总之，不管采用何种批评方法，都必须牢记“惩前毖后，治病救人”的宗旨，都要坚持实事求是的态度，都应对事不对人，都要选择合适的时机和场合，都要有利于人们改正缺点、完善自我。

身处逆境不气馁

逆境通常指一个人处于不利的环境，由于受到阻碍或干扰未能达到预期的目的，这种情况下，人容易产生紧张状态或情绪反应。人生的逆境自然是千差万别的，但人们陷入逆境的原因主要有两种：一种是主观行为的过错；另一种是客观条件的改变。但不管是何种原因所造成，其境况是大同小异的，逆境都是人生的暗夜、事业的低谷。逆境有多种表现形式：名誉与地位的下降、金钱与物质的损失、身体与家庭的变故等。总之，逆境是人们理想与现实的严重背离，是人们过去与现在的巨大反差。

俗话说，“人生不如意事十有八九”，这就是说人生的大部分时间都是在挫折中度过的。的确如此，生活不可能总是一帆风顺、美满快乐的，就像月有阴晴圆缺一样，生活中有时候也有失意和挫折，甚至是失败。逆境是一把双刃剑，使人遭受失败和打击，让人们的生活变得曲折和艰难。然而逆境也能磨炼人的意志，激发人的潜能，使人变得勇敢，变得坚强。马克·吐温曾说过海伦·凯勒是19世纪最了不起的人物之一，原因正是她对待逆境的态度。海伦·凯勒是美国学者，她在一岁半的时候患急性脑充血病，连日的高烧使她昏迷不醒。当她醒来后，眼睛被烧瞎了，耳朵被烧聋了，小嘴也说不出话来，成了一位集聋、哑、盲三位一体的特殊儿童。可想而知，对这样的儿童要进行教育是特别困难的。但海伦没有退却，依靠自身顽强的毅力学习盲文，靠手的触摸来体验文字的含义和别人说话的意思。她花了大量的时间在聋人学校学习数学、自然、法语、德语，后来，她渐渐可以用法语和德语阅读小说。1904 年，海伦以优异的成绩从大学毕业，然后把自己的一生献给了盲人福利和教育事业。她先后写了 14 部著作，其中《我生活的故事》《走出黑暗》《乐观》等都产生了世界范围的影响。海伦所面临的是常人无法想象的困境，可她勇于面对现实，敢于拼搏，谱写了一曲激荡人心的生命之歌，赢得了世界舆论的赞扬。海伦面对逆境不自卑，在挫折面前不低头，终于成为生活的强者。海伦的经历让人们认识到，逆境并不像青面獠牙的恶魔一样让人可怕，它的确是一把双刃剑，它在给人们创伤的同时也能使人变得更加坚强。

从事领导工作，自然会不可避免地遭遇逆境。每一个领导者都应勇于直面逆境，努力战胜逆境。战胜逆境，需要坚定人生的信念。信念是一种巨大的精神力量。一个人对于自己所从事的事业目的越明确，信念越坚定，战胜挫折的毅力就越坚强。领导者只有树立了坚定信念，才会对挫折有较高的忍受力，才会用正确的、积极的眼光去看社会、看生活中的人，面对逆境才会不屈不挠，成为战胜挫折的强者。战胜逆境，需要提高对逆境的承受力。领导者要有大家风范、豁达大度，该伸则伸，该屈则屈，要耐得住寂寞，放得下架子，沉得下身子；要内养祥和之气，外示沉稳之态，下决心客观分析环境，理清思路，调整目标，内控潜力，以求强援，尽量利用各种有利条件；要学会忍耐，自觉地控制自己，忍耐内心的痛苦和不快，不讲过激的言辞，不采取冲动的行为，以免精神崩溃、行为失常；要及时转移对逆境的注意力，把注意力更多地投向工作和学习；要敢于向挫折挑战，愈受挫折愈振奋，调整目标，走向成功。

走出患得患失的阴影

瓦伦达是美国一位著名的钢索表演艺术家，以精彩而稳健的高超演技闻名。他从来没有出过事故，因此，当杂技团有一次要为重要的客人献技时，决定派他上场。瓦伦达从前一天开始就一直在仔细琢磨，每一个动作、每一个细节都想了无数次。演出开始了，这一次他没有用保险绳，他有百分之百的把握不会出错。但是，当他刚刚走到钢索中间，仅仅做了两个难度并不算大的动作之后，就从几十米高的空中摔了下来，一命呜呼。事后，他的妻子说："我知道这次一定要出事。因为他在出场前就不断地说：'这次太重要了，不能失败。'在以前，每次表演时，他只是想着走好钢索这事本身，而不去管这件事可能带来的一切。"

瓦伦达太想成功，太患得患失了。如果他不去想那么多走钢索之外的事情，以他的经验和技能是不会出事的。心理学家把这种为了达到一种目的总是患得患失的心态命名为"瓦伦达心态"。

患得患失是人生最常见的一种心理隐患，是人生的精神枷锁，是附在人身上的阴影。美国斯坦福大学的一项研究表明，人大脑里的某一图像会像实际情况那样刺激人的神经系统。比如，当一个高尔夫球手击球前一再告诫自己"不要把球打进水里"时，他的大脑里往往就会出现"球掉进水里"的情景。这一情景会指挥他的行动，结果事情不是向他希望的那样发展，而是向他害怕的方向发展——这时候，球大多会掉进水里。这项研究从另一个方面证实了“瓦伦达心态”。

我们在做事情的时候，有时不必思虑得太多。不去多想，马上去做，改掉瞻前顾后的习惯，走出一步，往往做事情的勇气就随之产生了。没有了成败的忧虑，人就自然变得轻松自如，因为害怕失败本身也是一种失败，患得患失是最要不得的。

领导者要真正走出患得患失的阴影，就必须保持良好的心态。一是要淡泊名利。养生先养心、养心淡名利，努力做到“宠辱不惊，看庭前花开花落；去留无意，望天上云卷云舒”。二是要知足常乐。只有知足，才会有快乐的感受。但知足不是自满、自傲、自恃。三是要坚持走自己的路。事实上人生不可能没有忧愁，问题是我们不能因患得患失给自己无端地增添忧愁。还是走自己的路吧，不管别人如何评说。四是要丢掉思想包袱，培养果断刚毅的气概。遇事当然应谋定而后动，但一旦下了决心，就要一往直前。

要有破除潜规则的勇气和智慧

什么是潜规则？综合《现代汉语词典》对“潜”的定义，潜规则的意思就是隐藏在背后的规律或法则。是与显规则相对的。也就是说，潜规则即大面上不好说，而暗地里却可行的“黑规则”；潜规则是社会中损人利己、损公肥私的“反社会规则”；潜规则是一种破坏社会正常秩序的规则，是一种败坏社会风气的规则，是一种让社会上一部分人产生投机取巧心理的规则，是一种让人们对社会产生不信任的规则，是一种变相腐败的规则。

潜规则在中国社会存在了几千年。封建时代，虽然有“王子犯法，与庶民同罪”的显规则，但是在当时的官僚等级制文化影响下，王子犯法真正与庶民同罪的却是少之又少，这就是当时的潜规则起作用的结果。潜规则之所以存在时间长并且现在依然盛行，原因显然是多方面的，比如：权力异化，公权变成了私权，私利驱动所致；显规则不足时，往往会由潜规则来补充；信息不对称也是产生潜规则的一个重要因素。

喜欢玩潜规则的人，他们一般是手头上掌握了一定的公共资源，或者是盯上了被玩者手中掌握的公共资源，千方百计使这些公共资源直接或间接为自己服务。所以，有人称潜规则为权力意志规则。因为，权力本身是一种公共资源，它是一种力量，谁手里掌握着权力，谁就可以凭借权力的强制性，去实施一定的利益意志，使他人的行为顺从自己的利益意志。

喜欢玩潜规则的人，他们当面一套背后一套，场面上一套场面下一套，口头上说的是一套，实际做的又是另一套。前一套让人看起来是在为人，后一套让人完全感觉他纯粹是为己。这种人，就是人们通常所说的口是心非、阳奉阴违的小人。他们在个人私利面前完全忘记了自己的身份，忘记了自己的责任和使命，甚至将党、国家和人民的利益置之度外。

拨开官场潜规则的重重迷雾，撕开潜规则者的丑恶嘴脸，人们不难发现，其实质就是“官本位”思想在作怪，是封建官僚思想和资产阶级腐朽思想在作祟。本质上看，潜规则不是无规则，而是有规则，它以不敢公开为特征，以对抗、破坏显规则为手段，以谋取私利为目的。很明显，潜规则的要害是游离于党纪国法之外，无视党纪国法的存在。党内潜规则的价值理念与党章制度规定的价值理念大相径庭，结果必然造成党员干部思想言行的混乱。

我们党作为工人阶级的先锋队、中国人民和中华民族的先锋队，党的性质和宗旨永远不会改变。对于少数地方党组织内部少数党员干部存在玩弄潜规则的现象，我们党从来就没有坐视不理，从来就没有停止过与这种丑恶的现象作坚决的斗争。新时期，如何清除那些潜规则呢？

一是要加强对党员干部尤其是党的高级干部的理想信念教育，加强党的作风建设。近些年，党内出现的一些腐败高官，在他们头脑里缺少的就是坚定的共产主义理想和中国特色社会主义信念，一旦在物质利益的巨大诱惑下，他们就容易迷失方向，丧失原则，就会不由自主地玩起潜规则。新时期，面对新的形势和我们党肩负的新的历史使命，我们必须不断进行体制机制改革，切实扩大社会民主，打造良好的党内民主政治生活环境。以扩大党内民主带动人民民主，以增进党内和谐促进社会和谐。党内民主的前提是要保证权利义务相一致。没有无义务的权利，也没有无权利的义务。二是加快公开透明监督机制的建设。《中国共产党章程》里也规定了一些公开透明的制度，目前关键是要针对这些制度在执行上存在的缺陷采取有力的措施。要真正用法律之剑斩断潜规则者的魔掌。三是要在社会上营造反对潜规则的浓厚氛围。要在全社会倡导社会主义核心价值观，要扶正压邪，表扬、支持坚持显规则的人和事。各级领导干部要同封建糟粕作坚决的彻底的斗争，必须清除党内的封建政治文化影响，倡导现代民主政治文化，严肃认真地维护党章权威。

小议“不让老实人吃亏”

早在延安时期，毛泽东就要求全党同志“当老实人，讲老实话，做老实事”。《中共中央关于加强和改进新形势下党的建设若干重大问题的决定》中又指出：坚持正确用人导向，使选拔出来的干部组织放心、群众满意，让能干事者有机会、干成事者有舞台，不让老实人吃亏，不让投机钻营者得利。

所谓老实人，是指说话老老实实、干事踏踏实实、生活朴朴实实、为人真真实实的人。老实人，始终坚持忠诚可靠，始终坚持服务人民，始终坚持竭诚奉献。按理说，这样的老实人最值得信任，也最应当得到重用，但事实上由于种种原因有不少老实人不仅未能受到格外的关注，而且常被耽搁荒废而错失提拔使用的“黄金期”。那么，如何实现“不让老实人吃亏”呢？除形成共识、营造氛围、领导干部要特别关注外，最为重要的是要有相关的制度保证。邓小平在1980年就指出，“组织制度、工作制度方面的问题更重要。这些方面的制度好可以使坏人无法任意横行，制度不好可以使好人无法充分做好事，甚至会走向反面”。制度是显规则。显规则全面遵行，潜规则就自然无市场。应该说，不让老实人吃亏，不仅是干部工作中用人的基本价值导向，更应该是一个制度设计的结果。因此，不让老实人吃亏，关键是要从制度上予以切实保障。只有完善相关制度并通过制度的执行，才能把党的思想建设、组织建设、作风建设、制度建设和反腐倡廉建设落到实处，才能真正把老实人看准了、用好了。

完善用人激励机制，形成重用老实人的用人导向。我们党在长期革命、建设和改革实践中，形成任人唯贤的干部路线，其核心是德才兼备、以德为先的原则。在选人用人中要全面贯彻落实党的干部路线，要切实按照德才兼备、注重实绩、群众公认等原则选人用人，大力选拔那些埋头做事、清正廉洁的优秀干部，坚决不用那些投机钻营、跑官要官的人，从而在全社会形成老实人受尊敬、受重用的良好导向。

完善选拔任用制度，为老实人创造平等竞争的机会。在选人用人的过程中，必须严格遵守党的干部工作原则，坚持任人唯贤，不搞任人唯亲；坚持五湖四海，不搞团团伙伙；坚持公道正派，不拉关系、徇私情；坚持集体讨论决定，不搞个人或少数人说了算；坚持按程序办事，不搞临时动议。要改进民主推荐工作，创新选人用人机制，完善干部考察制度和方法，搞好民意调查工作，进一步提高考察工作的质量；要建立和完善制约机制，强化对干部选拔任用工作的监督；要坚决杜绝拉票贿选、暗箱操作等行为，为老实人提供公平竞争机会，让那些一心干事、实绩突出的老实人能够真正推得出来。

完善干部考核评价机制，客观公正地评价老实人。对干部的评价要始终把政治标准放在首位，以实绩论德才，凭德才用干部。进一步充实考德内容，明确考德标准，创新考德方法，提高考核结果的科学性和真实性。全面考核干部的德，既看政治思想觉悟，又看作风和品行；既从工作实绩看德，又防止用成绩代替对德的评价。对那些只搞“政绩工程”“形象工程”的干部要善于甄别，保证那些扎扎实实为群众干实事、真心实意为群众谋利益的优秀干部能够进入组织选拔的视野。

领导干部要加强自身的党性修养，主动关爱老实人。古人云：“以贤知贤，以能知能。”领导干部首先应当加强自我修养，锤炼政治品行，存公心、去私欲，只有自己先当老实人，才能做到在思想上重视老实人，在感情上亲近老实人，在工作上重用老实人，在生活上关心老实人。领导干部对品德优秀、实绩突出的老实人要善于表彰奖励、放手使用，对那些脱离群众、作风漂浮、贪图享乐甚至违法违纪的干部，不仅不提拔使用，而且要严肃批评教育，严格追究，严厉查处。只有分清优劣，严明奖惩，才能真正做到让老实人不吃亏，才能使干部群众心齐气顺，才能使我们的事业永远蓬蓬勃勃。

慧眼识才“三要”

识别人才、考核才能，是治理国家的根本。古人早就提出：“为治以知人为先。”即治理国家以了解、识别人才为最重要的事情。可以说，非知人不能善其任，非善任不能谓知之。这富有哲理的良言告诉世人，不了解人就不能很好地使用人。没有很好地使用人是因为没有了解人。所以，得人之道，在于识人。而识人之前，重在观人。观人重在言与行，识人重在德与能，不细观则不能明识，不明识则不能善用。只有知人才能善任，因为对一个人了解得越深刻，使用起来就越得当。古今中外的有识之士对识人的重要性都看得非常清楚，他们产生了极为相近的一种共识：国家兴亡，在于是否得人、用人。得其人任用之则存，失其人未任用则亡。何世无才，患在不识。

可以说，识别人才是人才工作的首要环节。人才存在于人民群众之中，但未必有显著的标识，关键在于发现。现实生活中，为什么“千里马”常有而“伯乐”不常有？有体制、机制方面的原因，也有观念、眼光方面的问题。如果高高在上、官僚主义，不愿深入实际、深入群众，不去调查研究；如果抱着论资排辈、求全责备、迁就照顾等观念不放，重学历轻能力、重资历轻实绩，那就发现不了人才。人才构成具有复杂性、多样性，识人不可求全，求全则无可用之人。我们的事业需要大量的、各方面的人才。要更多地识别人才，就必须坚持解放思想、实事求是、与时俱进、求真务实，摸清特点规律，坚持用全面的、历史的、发展的观点识别人才，以新观念、新视角来认识人才、对待人才和选拔人才。

一、慧眼识才，要坚持全面的观点

“金无足赤，人无完人”是正常现象，也是一条客观规律。正如列宁所指出的：“人们的缺点多半是同人们的优点相联系的。”而且“只要稍微一夸大，就印证了一个真理：从伟大到可笑只有一步之差”。鲁迅则说得更加形象：“孔雀开屏的时候是很美的，但是，它同时也把最丑的地方——屁股露了出来。”有些人才何尝不是这样呢？人不可能没有短处，长处与短处往往相伴而生，这就要求我们在识才选才时，要辩证地对待一个人存在的不足与问题，要善于按照工作职责的要求，透过现象抓住人才的主流和实质，“不以一眚掩大德”，讲台阶而不唯台阶，论资历而不唯资历，要善于把握好主要标准与次要要求之间的区别，分清“短处”是偶尔的还是经常的，是经验能力问题还是人生态度问题，是工作作风问题还是理想信念问题，“有大略者不问其短，有厚德者不非小疵”，切不能以短掩长、以偏概全，因不切实际地追求所谓“完人”而造成人才资源的浪费。

用全面的观点识人察人，要坚持“德才兼备”标准，紧扣人才构成的基本要素识别人才。在改革开放的新时代，党的事业需要的是德、识、才、学、体五个方面全面发展的人才。因此，应当用全面的观点着重考察个人的学识水平是否全面、综合能力是否突出、工作实绩是否明显。要深入到实践中去识别人才，对被考察对象从多方面、多层次、多渠道进行调查了解，并经历一个由点到面、由浅入深，由现象到本质、由感性到理性的实践认识、再实践再认识的辩证发展过程，才能对人才作出实事求是的科学评价。要坚持德才兼备原则，把品德、知识、能力和业绩作为衡量人才的主要标准，不唯学历，不唯职称，不唯资历，不唯身份，不拘一格识人才选人才。

二、慧眼识才，要坚持历史的观点

人才总是生活在一定的历史条件中的。每个人身上或多或少都会打上时代的印记。要知人，就必须对人才生活的社会环境、社会关系和工作表现，作出全面的历史的分析。这样才可能避免只见树木不见森林；避免割断历史、以偏概全，才有助于克服求全责备的形而上学的用人观念，才有可能对人才作出全面客观公正的评价。

要重视了解识别对象的历史。毛泽东曾说：“必须善于识别干部，不但要看干部的一时一事，而且要看干部的全部历史和全部工作，这是识别干部的主要方法。”因此，识人察人既要看现实表现，又要查历史情况；既要考察其现实业绩和发展潜力，又要研究其成长轨迹，从根本上把握干部的本质和主流。

全面准确地了解其个人历史是客观分析其历史的前提与基

础，也是对党的事业负责，对干部和群众负责的本质要求。深入、准确地了解其历史，必须要有刨根问底的精神，坚持实事求是，坚持走群众路线，做到深、细、透。考察干部历史时，要进一步改进考察方式，完善考察机制。要变平面考察为立体考察，既要听取被考察对象的上级、平级、下级对他的评价，又要考察干部生活圈、社交圈的情况。要变静态考察为动态考察，如采取实地考察法、跟踪考察法、暗访考察法等，通过与有关知情人促膝交谈，让其在轻松活跃的气氛里说出心里话，把考察对象的真实情况反映出来。同时，要注重建立干部考察数据库，把干部任职考察、换届考察、届中调整考察等信息记录在案，以便全方位、多角度了解和掌握干部的历史，为考察对象现实表现提供详细可靠的历史材料。

面对收集到的历史材料、信息，必须经过一番去伪存真、去粗取精、由表及里、由此及彼的提炼和处理，才能作出客观公正的评价和结论。要准确认定其过去的成绩，联系特定的背景和社会环境，不夸大、不缩小。要正确看待其过去工作中的失误，把因缺乏工作经验造成的失误与因工作态度、思想、作风造成的失误区分开来，要结合当时的特定历史条件准确地分析干部的错误，客观地看待干部的成绩与不足，做出实事求是的评价，切不可人云亦云、主观臆断，切实克服一叶障目、求全责备等不良倾向。

三、慧眼识才，要坚持发展的观点

用发展的观点看问题，在发展中看人，这是辩证唯物主义的基本原理。任何事物都是处在普遍联系和发展变化中的，人们的德、才也会随着客观条件的不同而发生变化。认识事物不能有绝对化的观点，不能有一成不变的观点。了解一个人的过去，不等于了解一个人的今天。人们的缺点往往是优点的继续，失败往往是成功之母，只有辩证地看人，在发展变化中看人，才能做到知人。当然事物的发展变化是有个过程的，在考察干部、人才时，不仅要作实事求是的具体分析，而且要有由量到质的基本估计。

有两句古语蕴涵着非常深刻的辩证法思想。一句是：士别三日，当刮目相看。也就是说，看人切忌把人看死。人同任何事物一样，都是处在发展变化中的。随着时间的推移、环境的变化、个人的努力、组织的帮助，优缺点都会发生变化。用静止的观点看干部，“一俊遮百丑，一过抹千功”，老停留在过去的印象上，就不可能正确识别干部。另一句是：路遥知马力，日久见人心。对人的真正了解是需要一个过程的，所谓“试玉要烧三日满，辨材须待七年期”。有人一时犯了错误，可能带有偶然性，有人一段时间表现好，可能恰恰是投机心理在作怪。上进心强的干部，不论在什么时间、什么岗位上，都能始终如一地严格要求自己，任劳任怨，从不向组织上讲任何“价钱”，日久愈见其品德之可贵。

“小荷才露尖尖角”，自然会有些弱项与不足，但这不是本质问题，而是尚未发育完善。人的才能也是如此，并非与生俱来，而是通过后天培养锻炼一点一点形成的，这是由人才成长的客观规律所决定的，只能稳扎稳打，不能揠苗助长，只能循序渐进，不能一蹴而就。因此，正确的态度应该是克服只重眼前、急功近利的做法，多看一个人的基本素质与基本能力，通过把握其过去和现在的发展轨迹，去前瞻和审视未来发展，不片面地看某一方面，不孤立地看某一现象，不静止地看某一时期，抱着对人才负责、对事业负责的态度，为“准人才”提供广阔的发展空间和充分的锻炼机会。

做好人才识别工作，除了要坚持全面的、历史的、发展的观点之外，选人用人者还应当具有海纳百川的宽阔胸襟和深邃高远的战略眼光，以举贤荐能为己任。要加强学习提高自身素质，能够透过纷繁复杂的现象，把握人才的本质和主流；要走群众路线，靠群众识别人才。这样才能掌握人才工作的主动权，成为新时代的“伯乐”。

谈谈战略思维的方法与运用

战略思维，作为总揽和驾驭全局的思维方式，凝聚着一个民族、一个国家所必需的生存智慧，是一项科学的领导方法和领导艺术。战略思维是领导干部必备的素质，这里，主要从六个方面谈谈战略思维的方法与运用问题。

一、审时度势，认真分析形势

战略思维的第一个基本要素就是审时度势。在古代传统社会，自给自足的自然经济决定了人们交往关系的有限范围，也限制了人们的眼界。然而在那时，孟子就提出“虽有知（智）慧，不如乘势；虽有镃基（锄头），不如待时”的论断，显现出一个先哲的思想光辉。他在这里提出了两个战略思维的原则：“乘势”“待时”。势，形势；时，时机。我们的老祖宗已经非常清醒地认识到“势”和“时”的重要，并用“乘”和“待”这两个动词，把主观与客观，局部与全面的关系联系起来。宋朝苏洵又从反面做了相应的论断：“不先审天下之势而欲应天下之务，难矣。”

审，就是观察、思索、研究。“势”就是国内外“大势”和

“大局”。那么“势”该怎么“审”呢？有两句话非常重要：第一句话是“世界多极化”；第二句话是“经济全球化”。这是对当今世界形势最经典的概括，应该认真理解其深刻含义，不能把它作为一句流行语说说而已。要在处理“自家事”的同时，知道“外面世界怎么样”“审天下之势”。关心、了解和掌握当今世界走势和中国未来的发展趋向，正确把握时代要求，大力拓宽视野。

同时，“审势”的目的是“乘势”。能不能“乘”？怎么“乘”？重点是要对自身的种种问题、种种条件作优劣对比分析，科学地解决如何理论联系实际的问题。要以我们改革开放和现代化建设的实际问题、以我们正在做的事情为中心，着眼于马克思主义理论的运用，着眼于对实际问题的理论思考，着眼于新的实践和新的发展。这样“善于从实际出发不断研究解决改革、发展、稳定中的重大问题”，既锻炼了战略思维能力又达到了战略谋划的目的。

二、全局在胸，各方统筹兼顾

普遍联系的观点是唯物辩证法的基本观点，它揭示了事物是作为系统而存在，既有全局，又有局部。毛泽东指出：“只要有战争，就有战争的全局。世界可以是战争的一全局，一国可以是战争的一全局，一个独立的游击区、一个大的独立的作战方面，也可以是战争的一全局。”所以，战争全局和局部的辩证关系是战争指挥员必须要研究和处理好的问题，否则，就要打败仗。打仗要处理好全局与局部的辩证关系，各种领导活动及其各个方面也要处理好全局与局部的关系。那么，如何处理好全局与局部的辩证关系呢？

一是树立和增强全局意识。要有广阔的空间视野，善于全方位地思考问题。不仅要看到事物内部诸要素之间的相互联系和相互作用，还要看到该事物与其他事物的相互联系和相互作用；不仅要看到相互联系、相互促进的一面，还要看到相互排斥、相互制约的一面。树立全局意识要克服那种只将目光盯在自己“一亩三分地”上、将局部从全局中割裂开来的狭隘的“局部主义”。当然，树立全局意识并不是要面面俱到、等量齐观，而是要善于把握战略重点，善于抓重点环节。同时，树立全局意识，也并不是降低“局部”的重要性。

二是能够看清全局。看清全局首先要超越局部看全局。战略思维告诉我们，要想清清楚楚地看清当下事物，必须跳到圈外去，只有立足全局，放眼全局，登高望远才能把握事物的全局整体。其次，要普遍联系看全局。全局是由一个个的局部组成的，而局部与局部之间、局部与全局之间又是紧密联系的。因此，要把握全局就要看到它们之间各种各样的复杂联系，尤其要看到那种本质的、稳定的、必然的、规律性的联系。再次，要变化发展看全局。世界是变化发展的，全局也无时不在生生息息地运动变化。所以要看全局就需要与时俱进，而不能刻舟求剑。最后，要一分为二看全局。一分为二是辩证法的基本要求，也是我们看全局的基本方法，要看清全局也要坚持一分为二的观点，坚持两点论与重点论的辩证统一。人有两只眼，遇事看两点，两点之中找重点；人有两只手，遇事两手抓，两手抓两手都要硬。

三是能够总揽全局。总揽全局的能力很大程度上取决于战略思维水平。一要胸怀全局。要把整体作为自己思考、研究、解决问题的出发点和落脚点，树立全局观念，主动研究带有全局性的重大问题，并对工作进行全局谋划。二要熟悉全局。要吃透上情，摸清下情，深入领会上级指示精神，掌握干部的思想动态，了解群众的意愿，把握做好工作的基础。三要调动全局。根据形势、任务的要求，及时提出有利于激发干部群众工作热情，调动各方面积极性的工作方针和目标，用好教育、激励、奖惩等工作手段，增进团结，形成工作合力。四要摆布全局。全面掌握局部工作情况，保证全局工作健康协调推进，实现工作效率和效益的最大化，保障组织目标的如期实现。

四是能够统筹兼顾。驾驭全局，还取决于能否较好地统筹兼顾、协调各方。一要照顾内外。因为全局在空间上具有广延性，所以，我们在进行战略谋划时，必须高瞻远瞩，统揽全局。既看到内部要素，又看到外部环境；既看到相互联系、相互促进的一面，又看到相互排斥、相互制约的一面。这样，宏观上运筹帷幄，决策才能棋高一着。二要兼顾局部。事物不仅有全局，还有局部。全局由局部组成，二者是辩证统一的关系。离开全局，局部会迷失方向，一盘散沙；离开一个个局部，全局也会不复存在。“不积跬步，无以至千里；不积小流，无以成江海”，只有做到微观上细针密缕，天衣无缝，才能稳操胜券。三要优化结构。

所谓结构，就是系统内部各种要素相互联系、相互作用的方式。如一定的比例、一定的秩序、一定的结构形式等。系统整体的性质与功能不但决定于构成系统的诸要素的性质与功能，而且还决定于要素之间的结构。如搞经济工作，要研究所有制结构、产业结构、产品结构、投资结构等。结构不同，效益不同，甚至有天壤之别。

五是处理好当前和长远的关系。将当前与长远结合，这是一个重要的方法论原则。首先，立足当前，预见未来。因为事物发展具有连续性，今天是昨天的延续，明天又是今天的延续。所以，我们在进行战略谋划时，必须立足今天，总结昨天，预见明天。其次，研究当前，规划未来。事物还有现象和本质之分，现象是入门的向导。现象又有真象和假象之别，我们在进行战略谋划时，必须深入研究当前，透过纷繁复杂的现象，揭示事物的本质和规律，从已知推断未知，从现实把握未来，这是战略思维的题中应有之义。

六是处理好继承与创新的关系。人类文明发展具有延续性和继承性的特点，决定了创造这些文明的思维必然同样具有延续性和继承性。这种继承不是简单的重复，而是扬弃，在继承的同时突破创新。处理好两者关系，一要继承历史。学习借鉴中华民族数千年文明史上众多杰出人物的智慧和经验。二要借鉴国外。学习借鉴欧美等发达资本主义国家在创造近代文明和社会化大生产中的科学思维方法，学习它们在现代化进程中如何运用战略思维进行科学决策。有分析地借鉴这些成功的经验，从中汲取有益的营养。三要继承传统。我们党革命、建设和改革过程中的许多非常成功的范例是我们取之不尽、用之不竭的极其宝贵的精神财富。

三、高瞻远瞩，大胆作出判断

战略决策，往往要对全局的未来发展趋势进行预测和超前研究。这决定了战略思维必须具有前瞻性和预见性。要通过对过去和现在的各种信息资料的研究，根据事物发展的逻辑关系，综合考虑各种因素的相互影响，找出事物链之间的因果关系，大胆推测事物发展的未来进程，并果断作出决策。

任何事物在变化之前，总要表现出一些征兆、迹象和苗头，这就是人们常说的“山雨欲来风满楼”。只要我们善于观察分析、及时洞悉事物发展变化的各种征兆、苗头，就能见微知著、未雨绸缪。

提高战略预见能力通常有以下三种预见方法：一是外推法。它是以现在和过去的情况来预测未来的发展。这一方法从事件发生到现在的过程中找出发展模式，将其推广到未来。我们经常讲的分析形势、把握趋势，往往用这种方法。二是内推法。它是说所预测的结果与前提具有演绎性关系，结果已经包含在前提之中，但又是人类所没有认识到的。如果发现了某种必然性的、演绎性的规律，就能够根据这一规律进行逻辑推理，导出一定的结果。三是反推法。反推法是设定未来一个目标，然后探求从这种目标到现状是否存在着可行的途径和实现条件。如果存在这样的途径和条件，那么这个目标是可预言的。

四、运筹帷幄，周详筹划谋略

做好战略谋划，要研究战略目标定位及其客观依据、实现战略目标的战略措施、影响战略目标实现的重大因素等。围绕战略目标的实现，统筹考虑目标与手段、全局与局部、现状与未来的关系问题，统筹考虑资源、环境、制度和技术等可行性问题。

进行战略谋划时，要坚持以科学发展观为指导，从战略高度来认识、来把握、来谋划，既立足当地，把本地区本单位的情况吃透，又着眼全局，把周边、全省、全国乃至世界的情况研究好；既立足当前，把现阶段的工作安排好，又着眼未来，把长时期的规划制定好，从而真正打好整体战、攻坚战、持久战。

一是从战略谋划的角度认识发展定位。随着经济的快速发展和科技的不断进步，现代社会活动的规模越来越大、变化越来越快，出现了“牵一发而动全身”“失之毫厘，谬以千里”的复杂局面。这对经济社会管理工作产生了巨大影响，也对宏观管理决策提出了更高要求。在这种情况下，我们必须高度重视战略谋划，要善于从全局和长远的高度确定本地的发展定位。

二是从战略全局的高度制定战略措施。20 世纪以后形成和发展起来的科学系统论，在分析要素基本属性的基础上，更加注重要素之间的相互关系和系统的整体效应，使人们能够更全面科学地把握系统的运行规律。随着信息时代的到来，人类社会这个大系统中各种要素之间的联系越来越紧密、影响越来越强烈。这就要求我们善于运用系统思维研究和思考发展问题。要从系统思维的角度，将本单位放在全省、全国甚至全世界的大系统中来认识和分析，努力从整体与局部相互依赖、相互制约的关系中找出规律，有针对性地制定战略措施。应该看到，实现战略目标需要从诸多方面进行努力，而在诸多方面中总有某些方面对战略全局具有重大影响，这就是战略重点。然后分清主次本末、轻重缓急，既立足当前，又着眼未来；既注重制定管长远的规划和方案，又提出有利于实现重点突破的措施和方法。

三是从战略发展的角度不断调整和完善战略方案。战略目标和战略方案总是处在不断发展变化之中的。首先，不管如何有先见之明，未来总有一些不确定性因素在人们的预见之外；其次，随着时间的推移、条件的变化，原来确定的东西会变成不确定的。所以，战略作为行动之前的部署，需要在行动之中不断进行调整和完善。在实际工作中，就需要我们通过战略应变和战略创新，牢牢把握战略主动权。始终围绕战略目标，认真贯彻落实各项战略措施，同时根据情况变化，合理调整具体的思路和措施，扎实推进各项工作，积小胜为大胜，最终实现战略目标。

五、切中要害，把握问题关键

全局是由局部组成的，其中有些局部对全局有决定的意义和影响，这就是主要部分和重要部分，就是问题的关键。抓住了重点和关键就抓住了事物的中心要害，就能带动全局工作。毛泽东强调，任何一级的首长，应当把自己注意的重心，放在那些对于他所指挥的全局来说最重要最有决定意义的问题或动作上，而不应当放在其他的问题或动作上。在战争年代，由于战争是一个极复杂的事物，再加上敌我双方的互相保密和故意迷惑对方，这就使战争指挥员在把握战争规律和捕捉战机时，难以使自己的主观指导和客观实际相符合。在这种情况下，战争指挥员怎样才能做到“全局在胸”呢？毛泽东的办法是抓住对全局有决定意义的关键局部，抓住了关键和战略重点，也就抓住了全局。

那么，我们怎样“抓住重点”呢？必须具体情况具体分析，正确区分战略重点和非重点。毛泽东指出：“说重要，说有决定意义，不能按照一般的或抽象的情况去规定，必须按照具体的情况去规定。”战略重点和非重点的界线不是固定不变的，而是随着时间、地点、条件的变化而变化的，所以在区分战略重点和非重点时，必须着眼其特点和发展，具体情况具体分析。为了说明这个道理，毛泽东专门举了保密的例子。在白区作战，保密问题是具有决定意义的局部；在苏区作战，保密问题就不是具有决定意义的局部。具体问题具体分析是马克思主义活的灵魂，也是战略思维活的灵魂。中国特色社会主义建设事业是一个非常复杂的事物，需要我们从不同方面、不同层面去分析和把握战略重点。当前，我们首先要清醒地认识到，中国仍处于并将长期处于社会主义初级阶段的基本国情没有改变，人民日益增长的物质文化需要同落后的社会生产之间的矛盾这一社会主要矛盾没有改变；生产力水平总体上还不高、长期形成的结构性矛盾和粗放型增长方式尚未根本改变等影响发展的瓶颈依然存在。要认真分析中国全面参与经济全球化的新机遇新挑战，全面认识工业化、信息化、城镇化、市场化、国际化深入发展的新形势新任务，深刻把握中国发展面临的新课题新矛盾，敏锐掌控发展的新机遇，坚持和贯彻科学发展观，自觉走科学发展道路，努力促进经济建设、政治建设、文化建设、社会建设和生态文明建设的快速发展。

六、抢占先机，掌握战略主动

所谓主动权，是一种拥有自由选择权、自主决策权及自由行动权的权力和位势。争取并牢牢地把握主动权对于战略思维者来说，是决定成败得失的一招。那么，如何把握主动权呢？

一是把握机遇。机遇是当全局发生结构性变化、转折时出现对我们有利的时空条件。机遇是与时局的变化和转折、与事物的运动变化紧密相连的，每当事情发生转折时，就是机遇丛生的时刻。每个高明的战略家都是把握机遇的高手，他知道机遇在全局的发展中并不多见，且稍纵即逝。所谓机不可失，时不再来。机遇之珍贵正如时间，它一去不复返。因此，对待机遇，一要大胆预测；二要及时抢抓，因为机遇都具有时效性；三要充分用好，因为机遇对事物的发展起双重作用，用好机遇就可能打开局面，推动全局，用不好机遇或贻误就可能丧失主动，一败涂地；四要善于创造机遇，这是高明中之高明。

二是掌握规律。事物是作为过程而存在的，在时间上具有延续性，任何事物都有它的昨天、今天和明天。过去是现在的基础，未来又是现在的延续和发展。要根据这种事物发展的内在联系，通过对事物过去、现在已有状况的分析来推断出它未来可能出现的各种趋势和方向。谁能预测出事物未来发展的必然趋势，谁就能把握和赢得未来。我们要掌握事物发展变化的规律，遵循客观规律，立足现实，总结昨天，充分发挥主观能动性，对将来发展的各种可能性进行识别、分析、比较，并由此作出科学预测。要善于静中见动，透过现象看本质；要善于揭示规律，在把握规律中把握未来，抢占发展的先机。

三是占领制高点。控制权的争夺历来是兵家制胜的制高点。以往有制陆权、制海权、制空权，今天有制天权、制电权、制网络权、制信息权。今天的世界竞争，某种意义上说就是战略主动权的竞争，谁拥有主动权，谁就会在竞争中立于不败之地。

协调的艺术

协调是领导者的基本功之一，也是一门领导艺术。领导者个人的力量有限，要履行好职责，必须把集体的积极性调动起来，潜能发挥出来，借助集体的力量攻克难关。

把握协调工作的要领

协调对于领导机关的和谐、高效运转不可或缺。如果各方关系协调不好，各个环节、各道“工序”衔接不好、配合不当，发生“扯皮”“撞车”等问题，就不能形成凝聚力。

因此，领导者在协调工作中，应将协调的原则与方法相结合，把握原则性与灵活性的统一，刚柔并济，热处理与冷处理相结合，求同存异，把握好度。

原则性与灵活性的巧妙统一。协调不是无原则地、一味地迁就某一方，也不是和稀泥，你好我好大家好，更不是违法违规地协调，协调必须坚持原则。但仅有原则性，没有灵活性，协调是难以成功的。因此，协调必须坚持原则性与灵活性相结合，巧妙处置，灵活应变，只有这样，才能收到满意的效果。

刚柔相济。刚与柔的综合运用，就是领导者权力影响力和非权力影响力综合作用的统一。要适时有效地运用指令制约与协商调解这两种职能，发挥其功效。

热处理与冷处理相结合。在面对协调任务时，领导干部要正确分析判断问题的性质，如果是突发性群体事件或情况紧急的矛盾问题，就应采取热处理，迅速协调，及时解决，以化解矛盾，理顺情绪。

求同存异。当各方存在的分歧较大，暂时又不能达成共识，而问题亟须解决时，作为领导者，在协调时就应该求同存异，在各方分歧中寻求共同点，提出各方都能接受的方案，使协调获得成功。“求同”有利于双方达成共识，理顺关系，有利于问题的解决，推动工作的前进。“存异”则搁置了暂时的矛盾，避免双方陷入僵局，有利于问题和矛盾向好的方面转化。

无论采取哪种协调方式，都要把握好度。协调不力，不利于问题的圆满解决；协调过度，则适得其反，会背离协调的目的。

走出领导协调的几个误区

误区之一，认为领导协调是“兵来将挡，水来土掩”，使自己被动应付，疲于奔命。协调应适时适度地进行，及时妥善处理各种矛盾或化矛盾于萌芽状态。协调工作没有观众，平等关系中，各方都应主动协调。当上级战略上布局谋篇后，需要下级领导在战术上指挥、调度协调，善于识人、用人，充分利用有限的资源，主动去协调。如果下级领导没有真正领悟意图，一味兵来将挡，上有千条令，我有应变策，自扫门前雪，最终就只会兵败如山倒。

误区之二，不顾大局和整体，需要时就协调，不需要时不协调。协调的实用主义，导致领导者不能着眼于全局，以“我”为中心，站在本单位本部门的立场上去协调和处理问题，认为本单位本部门是最重要的，一切都应该从自己出发，而不考虑其他单位部门的利益。久而久之，就形成了一种褊狭的本位主义，使各单位各部门自立山头，互不配合，难以协调，造成目标不一致，行动不统一，破坏了团结，影响了整体目标的实现。

误区之三，认为协调不需要讲究方法，只需用行政权、经济权压制即可。协调用权要适度，如果滥用权力，压而不服，不仅解决不了问题，反而会激化矛盾，甚至会引起对抗性冲突。在协调中，要善用权力，也可采取适当的经济手段，但决不能迷信权和钱。

误区之四，语言不妥，缺乏艺术。对上协调时，不能做到谦虚谨慎，言语不够委婉，不留余地；对下协调时言语强硬，不容协商。协调具体问题时，不能切中要害，开导说服不着边际，不得要领。不分客体心理，不能针对不同的心理素质和心理活动，运用不同的语言，而是千篇一律；不分场合和对象，滥用批评，言辞过激，使人难以接受。对错误的观点和不同的意见，挖苦讽刺，挫伤协调对象的自尊心和积极性，破坏畅所欲言的气氛，影响协调效果。

怎样消除内部的矛盾纷争

“没有矛盾就没有世界”，矛盾的对立面既统一又斗争，由此推动事物的运动和变化，推动社会的发展和进步。内部矛盾更是如此，它决定着事物的性质和发展方向，如果处理不当，很可能转化成对抗性矛盾。

那么如何正确处理内部矛盾，从而进一步消除内部矛盾呢？和谐是主题。

关键是领导班子的和谐。一个单位的和谐首先取决于领导班子的和谐。假如领导班子内部矛盾重重，尖锐对立，纷争不断，彼此拆台，不要说改革创新难以进行，事业发展无从谈起，就是维持起码的稳定也是难乎其难的。这样的局面下，谈和谐只能是一种奢望。

基础是干群关系的和谐。干群关系的和谐是构建和谐单位的基础。既然如此，领导干部至少要做到三点：

一是关心群众生活，解决群众疾苦。大凡受群众爱戴、支持和拥护的干部，在群众中有崇高威望的干部，无一例外是为群众办好事、办实事的干部。之所以如此，就是因为他们实心实意地为群众谋利益、解难题。群众工作和生活中的困难和问题，得不到关心和解决，就不能全神贯注、集中精力地干工作、做事情。这样就会影响领导干部的形象，同时也损害干群关系，导致干群关系的不和谐，进而引发单位的不和谐。

二是说话办事公道正派，不徇私情。干群关系是不是和谐，很大程度上取决于领导干部说话办事能不能一视同仁，不偏不倚，一碗水端平，一把尺子量到底。如职级职称、工资福利、奖金待遇等问题，不能厚此薄彼，不能向身边的人、亲近的人、熟悉的人、带“长”字号的人搞特殊、给优惠。无视和突破原则规定、制度条例，就是搞特殊，就是一种不平。不平则鸣。因此，说话办事不徇私情、公道正派，是构建和谐干群关系的重要因素。

三是严于律己，以身作则。古人说过：“其身正，不令而行；其身不正，虽令不从。”领导领导，领着行动；干部干部，先干一步。讲理想信念，自己首先要有理想信念；讲艰苦奋斗，自己首先要艰苦奋斗；讲无私奉献，自己首先要无私奉献。只要领导干部严于律己、以身作则，树立起言行一致、说到做到的人格形象，说话就有人听，干事就有人跟，就能带领群众打开局面、做出成绩，干群关系就会好、就会和谐，内部矛盾也就迎刃而解。

选人用人的艺术

选人用人是领导者的基本职能，是体现领导者成熟、称职的重要标志。领导者必须重视用人，善于用人。这样才能实施正确的领导，才算把握了领导工作的基本要领。

人才考察要领

“千军易得，一将难求”，人才是最宝贵、最有决定意义的资本。燕昭王筑招贤“黄金台”，实现复国理想；萧何月夜追韩信，终使项羽垓下穷途末路；孙权拜书生做大将，火烧刘备七百里连营。

领导者要知人善任，做到人尽其用，必须“日观其德，月视其艺”的全面考察，必须掌握人才考察的要领。人才考察的基本原则是任人唯贤。

“任人唯贤”要实事求是，不可求全责备。金无足赤，人无完人。如果求全责备，挑剔缺点，就很难识别人才。在选拔人才时能见其所长，避其所短。

“任人唯贤”要按照需要，量才使用。社会的发展不仅迫切需要各方面的人才，而且也为发挥人才的作用开辟了广阔的道路。领导应彻底了解人才，做到职能相称，量才使用。人才是有不同层次和类型的，要做到大才大用，小才小用，使相应的人才处于相应能级岗位，把人的才能、专长与岗位、职务、责任一致起来。

人才考察的策略是考虑全局。领导要教育下属服从需要和分配，而且必须考虑人才的志趣、特长、气质、能力，做到合理使用；要让每个人去干自己最擅长的工作，为他们提供充分施展才能的条件和机会。不要强人所难，避免大才小用，浪费人才；避免小才大用，贻误工作。

人才考察应做到用其所长，避其所短。人都有优点和缺点，在用人时必须坚持扬长避短的原则。在人才选拔上切不可斤斤计较人才的短处，而忽视去挖掘并有效地使用其长处。数学家陈景润不善言谈，有些“呆气”，当中学教员很吃力，调到数学研究所，便攀上了“哥德巴赫猜想”的高峰。领导者要善于发扬人才的长处，扬长避短，以便做到人尽其才，才尽其用。至于那些艺高胆大，才华非凡，但由于某种原因遭人歧视打击，成为有争议的人物，领导者更要力排众议，态度鲜明，给予有力的支持。

人才考察应做到充分信任，放手使用。信任是对人才的最有力的支持。用人不疑，疑人不用，放手让人才工作，相信他们对事业的忠诚和工作能力，不要束缚他们的手脚。领导者敢于用那些才干超过自己的人，有的领导者缺乏勇气和信心，对他们手下那些才干超群，特别是超过自己的人，总感到不好驾驭，在使用上有种种限制，他们宁肯将职权交给那些平庸之辈，而不交给超过自己的人，久而久之，使单位形成“武大郎开店”的局面。真正有作为的领导者，充分信任和善于使用那些超过自己的人，能使单位形成人才荟萃、生机勃勃的局面。

如何识别人才

领导干部有识人之明，才能善任之。然而，知人不是一件容易的事。有时，人才一直就在领导身边，但因为领导者缺乏慧眼，而失之交臂；或者领导不能知人，使人才“泯然众人”。所以，领导者要学会做伯乐，就必须具备识别千里马的慧眼。

人不可貌相，海水不可斗量。孔子说“听其言而观其行”，就是说要把言和行结合起来观察人。但是，也不能只看现象和表面，被假象所迷惑，而应看本质，注重工作实绩，以实践来检验干部的德才。曹操看张松不顺眼，孙权对庞统同样如此。当庞统投到刘备帐下，连素来号称知人的刘备也看走眼，仅给天下知名的凤雏一个小县令当。

为了避免人才流失，领导干部在识别人才时，必须从整体而不是从局部片面地看待人才，从实际出发，有一套能良好运作识人选人的机制，坚持使用与培养相结合。

识别人才要从整体上，看人才不同情况下的表现，进行综合观察比较。白居易说“试玉要烧三日满，辨材须待七年期”，就是在识别人才时，要用发展的眼光，观其长期的表现。

识别人才要从实际出发，善于发现身边的人才，不要以为只有外边的和尚会念经，忽视和冷落身边的人才。1949 年初，毛泽东和周恩来考虑对民主人士和起义将领的安置问题。对于傅作义将军，考虑到他对和平解放北平有重大贡献，以及他想治理河套水利工程，周恩来提名他担任水利部长，并支持他抓好工作。

识别人才要建立一套能良好运作的机制。从远古的禅让制，秦汉时的荐举制，魏晋的九品中正制，隋唐的科举制，再到现代的公务员制，我国识人选人的机制，越来越趋于完善。大到一个国家，小到一个单位，都应有一套良好的用人制度，使人才脱颖而出。要“能者用之”，以素质论人才，凭政绩用干部。要提拔两种人：一种是奋发有为的干部，把那些能干事、想干事、干成事的人提拔到领导岗位上来；另一种是勤勤恳恳的干部，让各种人才都有奔头。

识别人才要做到使用干部与培养干部相结合。要“少者怀之”，通过有针对性的培养，提拔、储备和发现年轻干部。领导者更应不拘一格大胆提拔年轻干部，不要压才、妒才。

用人应扬长避短

扬长避短，就是领导用人时，应尽力发掘人才的长处，抑其短处，使人尽其才，才尽其用，以一当十。

通常，领导者识人之短容易，识人之长则难。人才往往在某一方面有突出的才干，而最适于某项特定的工作，但也往往具有某种毛病。扬其所长，用其所能，可成人才；抑其所长，用其所短，则成庸才。假如领导者埋没人才最有价值的长处，就是对人才的摧残和毁灭。在领导者的实际用人中，要量才使用，择人任仕。

用人用其长。古人曰："用人如器，各取所长。"美国南北战争时期，林肯曾选用过三四位将领，标准是无重大过错，结果都被南方将领击败。他接受这一教训后，决意起用嗜酒贪杯却能运筹帷幄的格兰特任总司令，有人极力劝阻。林肯却说；"如果我知道他喜欢什么酒，我倒应该送他几桶。"后来的事实证明，正是对格兰特的任命，使南北战争发生了根本的转折。

领导者要讲究人才互补与配置的效益，形成"1+1 >2"，善于发挥群体优势。领导者，就像一个球队的教练，把每个队员放在最合适的位置上，给他们清晰的目标并适时激励他们，使他们发挥最佳的作用。唐初，房玄龄善谋不善断，而杜如晦善断不善谋，唐太宗使用"房谋杜断"，形成贞观之治，从而也使房玄龄、杜如晦成为历史上有名的两位宰相。

作为领导者，要以求贤若渴的态度，对人才从大处着眼，从长处着眼，看人才的本质与主流，不应求全责备。因为，在现代社会，专业分工日趋复杂，"通才"根本不存在，在某一领域很难找到一位"万事通"。因此，对领导者来说，最好的办法就是人尽其才，这就要求领导者能够对人才避短用长。

留人先留心

人是感性的，也是理性的。对于恋人来说，留住了对方的心，也就留住了爱情的全部。对于组织来说，留住了人才的心，也就留住了组织生存与发展的动力。

留人先留心。要留住人才的心则必须使人才对组织产生认同感、知遇感和归属感，将事业留人、待遇留人和感情留人的措施落到实处。三国时，徐庶被曹操诓至许昌。刘备在饯行时亲自为徐庶牵马，送了一程又一程，获得徐庶回马荐诸葛亮，立下“终生不为曹设一谋”的诺言。徐庶“身在曹营心在汉”，是刘备将其心留在身边。

另外，还应提倡“感情留人”。面对外界的诱惑，人才是会“跳槽”的。领导者为了留住人才，要做许多工作，例如提供具有竞争力的薪酬，提供施展才华的舞台，营造舒适的工作环境等。然而，这一切，最终还是要辅之以感情的交融。

留人要热心。“萧何月夜追韩信”，为的是韩信能够“攻必克，战必胜”；留才，不是摆设，而是要用到合适的位置上，为其创造环境，提供舞台；留才不能疑才，最感动人的力量是真诚，大胆使用，放心使用，“士为知己者死”；留才不能留一手，忌才、防才留不住真正的人才。

留人要细心。留才是长久之计，必须解决其后顾之忧，从而保证其轻装上阵，一心一意发挥聪明才智。要和他们交朋友，真情实意地关心他们，成为他们信赖的人。在交流中，细心了解其困难和顾虑，细心观察，善于发现问题，主动解决问题。

留人要从关心人才生活的点点滴滴做起。领导要尊重人、关心人、爱护人、激励人，让他们身心愉悦地享受到组织的关心与关注，就会形成人才聚集效应。

留人要给予适当的实际利益。13 世纪波斯诗人萨迪讲过一个“青年和羊”的寓言：一个年轻人用绳子牵着一只羊走。路人说，这只羊之所以跟你，是你用绳子拴着，并不是喜欢你，也不是真心跟你。年轻人放开绳子，羊仍然寸步不离。路人好奇，年轻人说，我供给它饲料和水草，还精心照料它。年轻人的结论是，拴住羊的不是那根细绳，而是对羊的关照和怜爱。可见，留住“羊”的，不是“绳子”，而是“饲料和水草”。

领导者的时间管理

时间宝贵，世人皆知。每一个人都要学会有效合理地使用时间。领导干部尤其如此，因为他们对时间的态度不仅影响单位的事业发展，而且影响部下的时间使用效率。在实际工作中，领导干部的地位越高，越不能自由、自主地支配时间。因此，领导干部要学会科学管理时间。

抽出时间来做重要的事

领导者大都公务缠身。轻重缓急，大小主次，怎样恰当安排时间，处理琐碎的事情，是决定一个领导成功的关键因素。把最有效的时间，放在最关键的目标和任务上，是领导者应该具备的一项重要技能。

合理安排时间，就等于节约时间。多数的事是琐事，重要的事往往占少数。这就是所谓的“关键的少数和次要的多数”原理。能决定工作成败的，正是少量重要之事。抽出 80% 的时间，来处理 20% 重要的事情，就能达到事半功倍的效果。

成功者花最多时间做最重要的事，而不是忙忙碌碌于紧急的事。要成为一名成功的领导者，就要把时间从海绵里挤出来。

如何在百忙之中抽出时间来做重要的事呢？一是当机立断；二是合理支配。

时间一不小心就会从你身边无声无息地溜走。哪怕一般的事情，如果不当机立断去做，抓住的只会是时间的尾巴。重要的事更拖延不得，它关系到事业的成败；重要的事也推脱不得，它会涉及业绩的负增长。正如克雷洛夫所说：“多拖延一分，就使那事难做一分。”当许多人在一条路上徘徊不前时，他们不得不让开一条大路，让那些珍惜时间的人赶到他们的前面去。不要让琐碎的事反客为主，要做重要的事就须当机立断。

合理支配、充分利用时间，能实现工作的最高价值。为达到管理的高效率，管理界把一天的工作分为A、B、C三类。A类占工作数量的20%—25%，每天1—3件，最重要、最迫切，与实现单位、组织的目标关系很大。因此，必须把大部分工作时间用于A类工作，其花费时间约占一天的60%—75%。B类占工作数量的25%—30%，每天3—5件，比较重要，时间也较紧迫，可以采取一般管理的方法，最好自己亲自做，也可授权他人办理，其花费时间约占一天的20%—25%。如果能把A、B两类工作做好，就是抓住了关键的环节，等于完成了当天工作的80%—95%，可以算作高效率了。C类占总工作数量的50%—55%，属于次要的工作，时间要求也不太紧迫，对实现系统目标影响很小，不必花大精力用在这些琐碎的小事上，完全可以授权下属去做而不必亲自出马，在C类工作上花费的时间越少越好。

摆脱事务性工作的困扰

领导干部如果被日常事务缠得无法脱身，整天忙忙碌碌，成为“忙”的化身，就难以集中精力和时间，做出什么大成绩来。

领导干部要摆脱繁琐事务的困扰，抓好工作的决策与落实，就须统筹分配工作；给下属分好工、授好权；转变作风，集中精力，狠抓落实；全面应用信息技术进行事务性管理。

领导干部要做好下属职责分工，授好权，严格落实岗位责任制。领导干部不能“事必躬亲”，也不能当“甩手掌柜”。领导干部太忙，易顾此失彼，劳而无功；太“闲”，也绝非称职的领导。工作由谁来负责，哪个部门牵头，都应当明确分工。要坚持各负其责的领导方式，严格落实岗位责任制，认真细致地按级负责。

当前政府职能已从“无限”转变到“有限”，领导干部也应树立起“有限”政府的理念，探索出一条既能减轻负担，又能提升绩效的管理模式。只有分工明确，才能跳出窠臼。

坚持不让具体事务缠身，着眼全局、把握重点、长于指导，把主要精力放在抓落实上。领导干部在具体事务上尽量超脱一些，跳出具体事务的圈子，落实工作。做到“统而不揽”，即先从宏观上理清思路，紧紧抓住带方向性、根本性、长远性、基础性的工作不放，再从微观上透视规律、科学安排，把握重点和节奏，实施正确指导。

此外，领导干部还应学会全面应用信息技术进行事务性管理，提高工作效率。如政府推行电子政务，利用互联网技术推行无纸办公。

从不必要的应酬中脱身

现实社会中的各种应酬是必要的，适当的应酬会增进联系，加强感情，促进协调，推动工作。

应酬是一种社会现象，有时是一种工作，领导干部无法避免它。但有时应酬给上级和下级都带来了不同程度的负面效应。上级领导对于应酬，苦、愁、怕、烦，个中滋味交织在一起，形成不可名状的情感。基层干部对于应酬，是“无可奈何钱落去，换得好言好语来”。对外应酬好似一座“大山”，压得他们喘不过气来。因此，减少不必要的对外应酬，无论对上级领导，还是对基层干部都刻不容缓。

如何以实际行动来减少不必要的对外应酬呢？一要精简机构；二要应酬适度；三要坚持学习。

对领导干部个人来说，交往应酬要适度。对于部门与部门、上级与下级之间，在交往中不必过于讲究。对一些不必要的应酬，该减的要减，该推的要推，切莫被应酬缠身，误了工作，坏了风气，损害了形象。领导干部要以“常修为政之德，常思贪欲之害，常怀律己之心”的执政理念，做到权为民所用，情为民所系，利为民所谋。

领导干部与其忙于一些不必要的交际应酬，为寒暄和“面子”殚精竭虑，还不如静下心来，读点书，既利于身心健康，又利于事业发展。领导者每天穿梭在“文山会海”之间，弄得身心疲惫，不如挤出时间坚持学习，来减少不必要的对外应酬，可谓一举两得的必备良药。

忙到点子上

曾几何时，人们日出而作，日落而息，“忙”得悠闲，“忙”得有劲头。现如今，无论是普通群众还是领导干部，无论真忙或假忙，“忙”一律成了他们的口头禅、挡箭牌。忙得不可开交，好像总有做不完的事，大有“两眼一睁，忙到熄灯”的架势。

领导干部忙一点是好事。然而，“忙”大有讲究。如果没有忙到点子上，整日忙碌，只会让众多部下辛苦万分，甚至累垮了身体。虽说也能忙出一些“成绩”，但往往对自己、对群众并没有多少实际的益处，而且会造成负面影响和资源消耗。

忙到点子上，就是面对千头万绪的工作，要能够分清轻重缓急，善于找准重点、把握要领。只有这样，才能忙而不乱，出成绩、出效益。

忙，要有目标。没有目标的忙，犹如小孩玩木马，虽然忙得喘不过气来，但仍然停留在原地。领导干部要做到会忙、善于忙，忙到关键点，就要忙学习、忙服务、忙调研、忙落实。

忙学习。首先，加强修养，使个人和工作达到新的境界。其次，加强业务知识的学习。当今世界，唯一不变的就是变化，所以更要加强学习。最后，安排好学习时间，正确处理学习与工作的关系。

忙服务。“领导就是服务”，所以，领导干部确实忙碌。但有些领导干部却不是为了公事在忙，而是为了人情关系，整天忙得团团转，这样的忙就是瞎忙、空忙，于国于民无益。领导干部应该忙一些，但一定要忙到点子上，有所为有所不为。要多为群众跑腿服务，多为建设出力流汗。

忙调研。有调研才有发言权。社会生活中的各种矛盾极其复杂，涉及方方面面，并且各种矛盾处于不断变化运动之中，要想真正了解社会的真实情况，就必须深入地、切实地、经常地调查研究，深入到社会各阶层中去听意见、听“牢骚”、集民智。只有做到了“上悉政策、下解民情”，才能使决策更具科学性、可行性和针对性。

忙落实。作出决策后，关键在落实。领导干部不要“忙于出政绩，忙于出轰动效应”，而应真抓实干，采取措施，克服官僚主义和形式主义。不能满足于以会议落实会议，以文件落实文件。必须真正沉下去、蹲下去，加强具体指导，着力解决实际问题，及时总结经验，下决心转变作风，使工作有新气象。

忙，要忙出成效，忙得持久，忙得开心。如果忙着到处救火，忙着见招拆招，只会忙得晕头转向，使自己被动，无法从工作中获得乐趣。因此，领导干部都要适时静下心来，思考忙的要义，在忙中思，思中忙。

领导授权的艺术

用人之要，重在明责授权。领导者权力范围都是有限度的，不存在无限大的权力，而且人的精力也是有限的，不可能在每件事情上都投入精力。一个领导者即使再有本事，也不可能独自做好一切。

因此，领导者要把精力放在主要方面，分清哪些事情必须亲自去做，哪些则只需授权下属来完成。古往今来，大凡成功的领导者，无不重视授权，把它作为一个巧妙的分身术，使自己跳出事务圈子，腾出时间和精力想大事，抓全局，成大业。

大权独揽，小权分散

作为领导者，正确认识权力，合理恰当地利用及分配权力至关重要。领导者分配权力过程中的首要问题，并不在于究竟是多分一点好，还是多留一点好，而是要首先搞清楚具体应该分什么权力，留什么权力。从原则上讲，“大权独揽，小权分散”无疑是很好的策略。

权力是把双刃剑，如果权力过于集中，极容易形成领导者的独裁专制，个人决策所蕴含的风险性比群体决策的风险性大得多。相反，如果权力过于分散，也难以形成统一的决策。“大权独揽，小权分散”可以很好地解决领导控权与授权的关系问题。

“大权独揽”，就是指领导者要把大权独自揽住，集中抓好重要工作，抓好全局性、关键性问题，把主要权力掌握在自己手里。

“小权分散”，是指领导者对一些非重要的、非关键性的工作宜分给他人承办，不应事无巨细都亲力亲为，不必事无巨细样样管，把一些权力授予下属。

同时，领导者还要尽量做到权力平衡，不宜让班子中某一位副职所分管的工作在量上过多地超过其他副职，避免权力失衡，主次颠倒。

哪些是“大权”哪些是“小权”，是相对于领导者所处的位置而言。从涉及的范围来考虑，关系全局的权力，当然是大权，关系某一个局部的权力，一般不能说是大权。从权力的性质来考虑，一个组织的权力有三个层次：决策权、运行权和执行权。所谓大权实际上主要是指决策权，还有就是运行中关键问题的把关性权力。

对于领导者来说，哪些大权是必须抓的呢？一是财权，古时候的人掌权时，一抓军权，二抓财权，可见财权之重要。当然，掌握财权并不是意味着把所有财物细节摸得一清二楚，而是指他能够清楚地掌控资金大的方向，并且能够自由调动。二是人事任免权，这主要涉及重要的人事调动和安排。三是知情权，即使某些时候不参与决策，对所有重大决策也应该有知情权。四是最终决策权，亦即对一般及重要决策进行最后拍板的权力。

除了这些重要的权力，其他具体的权力就可以完全下放。真正杰出的领导人，不一定自己能力有多强，只要懂信任、懂放权、懂珍惜，就能团结比自己更强的力量，从而提升自己的领导能力。相反，许多能力强的人却因为事必躬亲，最终的结果是“疲惫而无所得”，这是管理的失败。

做个会派活的领导

领导者不可能包打天下。记住，当发现自己忙不过来时，就要考虑自己是否干了应该由下属干的事情，就要考虑是否应该向下放权。

领导者的成功授权是成就事业的“分身术”，具有重要的意义。第一，正确授权可以减少领导者工作负担，使领导不被细小事务缠绕导致身心疲惫，从而集中精力处理重要的问题；第二，正确授权是对下属的信任，事无巨细的领导会让下属感到不被信任，下属创造性未能得到充分发掘；第三，正确授权会调动下属积极性，权力是一种重要的激励方式；第四，正确的授权有利于领导发现人才，锻炼人才，培养人才；第五，正确的授权有利于团队建设，有利于发挥专长，互补不足，提高组织的整体力量；第六，正确授权有利于避免领导专断，降低错误决策风险，减小错误决策的发生。

授权从表面看极其简单，但在实际操作中并非如此。在授权问题上，存在以下三种观念：

第一种，诸葛亮式观念。“吾非不知。但受先帝托孤之重，唯恐他人不似我尽心也。”只可惜，这种鞠躬尽瘁的思想至今仍为诸多领导者奉为楷模。这种领导属于不会授权型。

第二种，赫鲁晓夫式观念。“我的下属都是些笨蛋，有跟他们解释的工夫，我早就干完了。”这种领导属于不敢授权型。

第三种，武大郎式观念。“让下属干得越多、越出色，就越显得我无能，我的位子早晚会被他抢去。”这种领导属于不愿授权型。

授权是一门管理科学，授权时应做到以下几个方面：

一要统分结合。授权是一门巧妙的领导艺术，应当从实际出发，并注重把握好尺寸。如果授权不足会使领导者陷入事务圈子；如果授权过分，又会造成领导失责失职，削弱领导。

二要高屋建瓴。领导者的主要职责是集中精力处理重大事务，其立足点是全局而不是局部，其着眼点是未来而不是眼前，其用力点是关键环节而不是细枝末节。

三要给予激励。领导者授权的目的在于激励下属为实现领导的总目标而分忧解愁，勇挑重担。一般说来，下级距离决策圈子越远，其向心力越小，而在下级肩上压担子，会增强其主人翁责任感，激发其不甘无为的创造性。

四要分而不散授权，不是分权，不是搞各自为政。作为领导者，应当时刻注意观察全局发展的进程，对可能出现的离心现象及时调节，对被授权者实行有效的监督。

不该管的事让别人去管

有的领导工作繁忙，整天忙得“四脚朝天”，恨不得将自己分成几块。这种以力气解决问题的思路太落伍了。出路在于智慧，采取应变分身术：管好该管的事，放下不该自己管的事。管理学上有一句："领导的责任就在于只管你应该管的事情。"

一个单位的主要领导如果能做到部属很忙，自己比较"清闲"，工作之余可以腾出时间看些书，思考一些重要问题，这就是一位比较善于工作的领导者。如果整天事无巨细，忙得焦头烂额，文件摆满一桌子，请示工作一摊子，自己很忙，部属却无事可做，就不能认为他是个明智而称职的领导者。

一位主要领绝不能经常处于紧张状态，要时时踱踱方步、统筹思考些问题。不仅要站在本部门的立场上考虑问题，还要从更高的角度、更广的范围来研究分管的工作。

领导者要管得少一点的另一层含义，就是要调动大家的积极性。领导者"十八般武艺"样样精通是很难做到的，有些事要分给别人去管，由别人首先提出意见。领导者不管小事，要管大事；不抓一般，要抓关键。

领导者不能事事身先士卒，并不意味着领导可以做"甩手掌柜"。有些领导在日常工作当中，分内工作经常推给别人，什么事情都叫下属去干，自己只会打官腔，讲一些在任何场合都适用的空话和套话。这是典型的"在其位不谋其政，司其职不尽其责"。这样的领导实际上就是一个摆设。所以，有时候领导又必须站在第一线，带头冲锋陷阵，没有这一手也无法进行有效领导。

人们都知道授权的重要，但有的能授好，有的却授不好，为什么呢？关键问题在于授权者的态度。比较正确的态度应当包括以下四个方面的内容：

第一，要看重下级的长处。任何人都有长处和短处，身为领导者，对于下级不妨先用七分的眼光去看长处，再用三分的眼光去看短处，以强化自己对下级的信任感。

第二，不仅交工作，而且要授权力。明白的领导者都深知职、责、权的不可分离性，应该把权力愉快地授给承担相应工作的下级。这样，下级会为了不辜负期望而一心一意地去拼命工作。

第三，不要交代琐碎的事情，要讲明白工作目标。否则，人的自主性不易发挥，责任感也会随之减弱。作为一名领导者，对待下级最忌讳的就是“婆婆嘴”唠叨个不停，使人无所适从，不知怎么办才好。

第四，对下级不应放任自流，要给予适当的指导。身为一名领导者，决不能以为授了权就万事大吉了。应该懂得，尽管权力授给了下级，但责任仍在自己。应该对下级进行必要的监督和指导。

开会是门大学问

开会的目的，是研究问题、解决问题；开会的本质，是不同的思想、观念的交集。会场是不同的思想、观念碰撞的场所。开会是对话而不是灌输，是交流而不是讲课，不能把会场变成课堂。

毛泽东曾多次指出，开会是一种重要的领导方法。“一年开几次会，或者大会或者小会，解决当前发生的问题。如果有问题，就要从个别中看出普遍性。”因此，开会是大有学问的。

常开会要会开会

说起开会，没有人会感觉陌生。表面上看，似乎每个人都会开会，其实很多会议开得并不富有成效。

胡适曾说过，要学民主，先学开会。孙中山在张勋复辟的紧急时刻，写了一本书叫《民权初步》（又名《会议通则》）。这是一本专门讲如何开会的书，此书后被收入《建国方略》中。命运攸关之际，写一本看似与国内形势无关、专门讲如何开会的书，令人诧异。其实，在孙中山看来，国民走向民主自治之关键，并不是缺少了理想、宣言、方略，而是缺少具体而实用的技术。开会，是首要的关键。

开会时通常领导发言在先，道理充足，其他人基本上扮演着听众的角色。尽管在会议过程中也会请参加会议的其他人员发言，但是由于领导在开始讲话时已经定好调了，大方向明确了，其他人一般都只能顺着说。

在一个单位内部，很少有人敢于讲真话，敢于质疑领导的意图。因为每个人都知道言多必失，只会给自己招来“灭顶之灾”。结果呢？必然是领导喜欢听什么，大家就顺着说什么。这样领导就很容易产生一种错觉：自己的意图得到了大家的支持，所有人都赞成自己的意见，以为自己的权威树立起来了。然而这种会议不会有什么好的效果，原因是大家没能各抒己见，畅所欲言，就不可能群策群力。

这种情况下组织智商就等于领导的个体智商，如果领导判断正确，事情就健康顺利发展；如果一时糊涂，则容易犯错误，甚至“翻船”。所以说，开会的效果如何主要取决于领导是否会开会。

开会时领导可以提出问题，但不可轻易下结论。领导应该扮演的是一个聆听者、观察者的角色。一旦领导专制性地中断会议上的讨论，长此以往，开会只能是领导一个人的独角戏。

领导应该通过倾听与会者的发言，甚至是相互辩论，启发自己思考，继而作出初步的判断，然后在大家充分发表意见后再站出来，表明自己支持哪一种观点，赞成谁的意见。

所以，在各种会议中，领导要能耐得住寂寞，最后一个发言，这样才能听到真话，否则更多的是奉承语和假话。

做好会议的准备工作

兵马未动，粮草先行。开会的“粮草”是指会前的准备工作。会议要想开成功，必须未雨绸缪，准备工作必须细致入微，只有这样，才能成竹在胸。

毛泽东说：“开会要事先通知，像出安民告示一样，让大家知道要讨论什么问题，解决什么问题，并且早作准备。”开会前没有足够的准备，靠现抓现拿，讨论就没法深入，当然就更无法对所要解决的问题提出很好的建议或措施。

会议绝不是坐着喝茶，也不是需要耗费长时间的“吃时间老虎”。革命战争年代中许多有转折意义的重大决策会议，都是在简陋的地方召开的。在影视剧中，我们可常见领袖通宵达旦，准备好会议材料，在会议上寥寥数语，便将问题迎刃而解。

会前的准备工作是细活，准备充分了，做事便胸有成竹，说话就有条不紊，就能沉着应付会场意外情况。

中共八大召开前，毛泽东先用了37天的时间听取了34个经济部门的工作汇报，接着又连续6天进行机械工业的实地参观调研，花了6天时间听取国家计委关于第二个五年计划的汇报。在这些大规模调查活动的基础上，毛泽东比较全面、具体地掌握了新中国成立以来国内的经济情况，掌握了全党工作下一步应该重视的问题，从而为八大的顺利召开做了充分的准备工作。

开会不是领导一个人的独角戏，而是你一言我一语排演出来的精彩片断。领导充当的是总揽全会的导演，他既要主持大局，又要指导每一个与会成员的发言；既要控制时间，又要顾及每一个人意见的充分表达；既要防止“冷场”，又要制止争吵。所以，作为领导，会前的准备工作一定要充分。

做到对会议胸有成竹，要把握会议的主题，吃透情况；要明确会议的议程，做到有条不紊。同时，要随机应变，现场发挥。

作为领导，还要作好开会发言的充分准备。准备资料充分，会议就能产生立竿见影的效果；准备资料不足，随便搬出几个“假设”谈论，只会浪费时间。

主持会议的语言技巧

任何领导都必须掌握好说话的技巧，把话说好、说透是一种本事。口才对于领导的成功来说，无异于润滑油之于发动机。

好的开场白就像一名出色的导游员，一下子就把听众带入佳境。好的开场白，容易打开局面。开场白不能平铺直叙，应该不落俗套、干净利落。

会议的开场白要开宗明义，先声夺人。引入正题不能拖泥带水，既要把开会目的讲明，又要把重点说清楚，使与会者有思想准备，为会议精神打下良好基础。同样，也不能以三言两语草草收场，意不明、言已尽，使与会者不明白会议的议题，对会议失去兴趣。

会议主持者的语言要言简意赅、一语中的，不说废话。如果主持者说话漫无节制，拖泥带水，就会产生两种情况：一种是与会者和你一起信马由缰，使会议松松垮垮；另一种是与会者对会议毫无兴趣 ，认为这是白白浪费宝贵时间。

会议主持者的语言要委婉含蓄，做到“言有尽而意无穷”。这样的语言既简练，又具有艺术感染力。同时还不容易引起与会者的反感，减少争执和抵触情绪。

林肯就很善于用委婉含蓄的语言来表达意见。他对每天送到白宫办公桌上那些冗长、复杂的官式报告感到厌倦时，并没有以那种平淡的词句来表示反对，而是以一种几乎不可能被人遗忘的图画式字句表达。他说，当我派一个人出去买马时，我并不希望这个人告诉我这匹马的尾巴有多少根毛，我只希望知道它的特点何在。

此外，领导者切忌用尖刻的语言讽刺、奚落下属的发言。奚落、讽刺的语言会伤害与会者的心灵，也会打消其发言的积极性。长此以往，与会者的自尊被摧毁，自信被打击，智慧被扼杀，工作可能干得更不好，最后抱着“死猪不怕开水烫”的态度，这对领导和下属都是不利的。

会议主持者只有恰到好处地表达自己的意图和情感，说话生机勃勃，充满艺术的感染力，才能使听者如沐春风，整个会议的气氛才会自然融洽，问题才会在皆大欢喜的气氛中解决。

领导者的沟通艺术

对成功的领导者而言，与不同类型的人相处愉快并交换信息的能力是不可缺少的。实际上，领导活动的每时每刻，都在进行各种不同的沟通。研究表明，管理中70%的错误是由于沟通不善造成的。管理离不开沟通，沟通渗透于管理的各个方面。

懂得必要的沟通技巧

现代的领导者，要激发下属的工作热情，并使管理卓有成效，离开了沟通别无他途。为达到与下属沟通的预期目的，领导者需要掌握一些沟通艺术。

一是目的明确，思路清晰。重要的沟通最好事先征求他人的意见，每次沟通解决什么问题，达到什么目的，不仅沟通者清楚，还要尽量使被沟通者也清楚。

二是以诚相待，相互尊重。领导者在沟通中必须把自己放在与下属同等的位置上，“开诚布公”“推心置腹”“设身处地”，始终保持一种平等的心态，更多地强调下属的重要性。下属感到自己受到尊重，激发出与组织同甘苦的工作热情。

三是把握时机，因势利导。影响沟通的环境因素很多，如组织氛围、沟通双方的关系、社会风气等。在不同情况下要采取不同的沟通方式，抓住最有利的沟通时机。时机不成熟不要仓促行事；贻误时机，也会使某些信息失去意义。

四是用心倾听。沟通要讲究“听”的艺术。作为一名领导者在与下属的沟通过程中，应该主动听取意见，善于倾听，只有善于听取信息才能成为有洞察力的领导者。倾听是取得成功的第一步，有智慧的人都是先听再说。

五是用好体态语言。在沟通过程中，领导者除了用语言技巧，还要善于运用体态语言。一般应注意的是：首先，目光接触。诚恳而沉稳地看着对方。其次，姿势与动作。保持良好的坐姿，切记不要双臂环抱、两手交叉，这些都是封闭和防御的肢体语言。再次，脸部表情。谈话时要轻松自然，记得要微笑。微笑表示友善礼貌，皱眉表示怀疑和不满意。最后，声音与语气。将你的声音当成工具。带着精力与热诚，设法让语调、节奏和声音的大小有所变化。要使用合适与清楚的语言，中间或有停顿，抑扬顿挫表明热情，突然停顿是为了造成悬念。

六是畅通渠道，完善机制。要摒弃那种只是由组织领导层向下属发布命令，下属的反馈和意见却很少有人倾听的单向沟通模式，这样的沟通方式不仅无助于监督与管理，长此以往还会严重挫伤下属的积极性。

以心交心

作为领导者，愈能与别人合作无间，就愈能收到良好的效果。而如果没有良好的工作关系，整个组织就会出问题，成为一盘散沙，无法有效地协同作战。

在一个组织内部，要建立一种良好的人际关系，就需要领导者与部属之间，以心交心，用“心”沟通。要与部属进行心贴心的沟通，领导者在沟通中必须把自己放在与部属同等的位置上平等对话。

实际生活中，影响对下沟通的主要因素就是领导没“心”，缺少热忱。一些领导者也注意跟同事及部属的沟通，但是隔靴搔痒、软硬兼施。威逼利诱只能使人屈从于现实利害关系；软硬兼施往往使人屈从就范，而非心悦诚服，现实生活中，阳奉阴违就是常见的情形。虚情假意总是会被人一眼看透的，人们能够认出伪君子，且不会信任他。良好的关系是建立在诚信的基础上的，领导者必须学会真诚对待他人，不是为了获利而算计、操纵他人。上对下沟通，关键是一个“诚”字。应该做到：

一要有尊重的心。领导者应像尊重自己一样尊重部属，始终保持一种平等的心态，要将尊重贯穿在管理过程中，尊重体现了领导者的素养，也体现了组织的素养。

二要有合作的心。领导者与被领导者的利益矛盾是无法改变的，但是通过合作关系的确立，可以形成良好的工作氛围。

三要有服务的心。领导者是为部属提供服务的供应商，把部属当成自己的内部客户，只有让内部客户满意，才可以更好地服务外部客户。

四要有赏识的心。学会欣赏自己的部属是领导者的美德。当一个人被赏识的时候，他可以受到极大的激励。

五要有分享的心。分享是最好的学习态度，也是最好的组织文化氛围。领导者与部属在工作中，要不断地分享知识、分享经验、分享目标，分享一切值得分享的。

孙子强调“攻城为下，攻心为上”，孔明七擒七纵孟获，在于攻心。这都是说明一个共同的道理——对部属要用心领导。首先，在部属困难时，要给予帮助。有时一千句鼓励比不上困难时对他举手之劳的帮助。其次，要以诚相待。对部属坦诚相待，才能换回部属的一片忠心。当部属取得成绩时，赞赏鼓励，使其感到自己的劳动有价值。最后，对部属的生活要多加关心。上班时，自然公事公办。但聪明的领导应学会利用闲暇时间来达到“攻心”的目的。

用心沟通的目的是要增强下级对领导者的信任度。下级对领导者是否信任，信任程度如何，对于改善沟通有很重要的作用。一般来说，只有受到下级高度信任的领导者发出的信息，才能完全为下级所接受。

善于倾听

领导者与部属沟通是一个双向交流的过程。这个过程中，领导者肩负着说给部属听和听部属说双重责任。在实际工作中，许多领导者或者是重视了前者而忽视了后者，或者是善于自己说而不善于听部属说，都会在一定程度上影响沟通的质量和效果。

美国学者进行过统计，在沟通行为中，40% 的时间用于倾听，35% 的时间用于交谈，16% 的时间用于阅读，9% 的时间用于书写。我们每天用于倾听的时间如此之长，以至于我们经常忽略其重要性，认为这不过是自然而然、不费吹灰之力的事。但事情并非如此简单，细想，我们有多少次误解了别人的话，又有多少次没有弄懂对方的意图。我们究竟能从别人的谈话中获得多少信息？

倾听与听是有区别的，倾听虽然以听到声音为前提，但更重要的是我们对声音必须有所反应。倾听必须是人主动参与的过程，在这个过程中，人必须思考、接受、理解，并作出必要的反馈。

可见，在我们倾听时，不仅仅要接受、理解所说的话，而且同时也要接受、理解别人的手势、体态和面部表情。倾听就是通过视觉、听觉来接受、吸收和理解对方思想、信息和情感的过程。松下电器创始人松下幸之助把自己的全部经营秘密归结为一句话：细心倾听他人的意见，所以处理问题时总是胸有成竹，当机立断，表现出敏锐的判断力。那么，怎样才能实现倾听的最佳效果呢？

一是神情专注、兴趣盎然。部属愿不愿意讲，敢不敢大胆讲，关键看领导者是否认真听。如果领导者在部属说话时表现出心不在焉的样子，或闭目后仰似听非听，或表情木然呆坐呆听，就会使部属觉得自己的话领导不感兴趣，从而感到沮丧，很容易伤害部属的自尊心。

二是适时引导，呼应自如。领导者在与部属沟通时，要能够根据部属陈述的内容，采用恰当的方式表达出对他的理解、信任、支持以及不同的意见、见解等，以便形成一种相互对话的氛围，让部属感到像是在与老乡、朋友谈心那样轻松自如。

三是耐心冷静，控制好情绪。部属在发言时，由于受自身的认识水平、性格、语言表达能力和心境好坏等因素的影响，说出的话有时难以得到领导者的认同，甚至会引起领导的不悦和反感，这都是常有的事。高明的领导者一定会控制和调节好自己的情绪，使自己始终处于平心静气、和颜悦色的状态。

四是诚恳实在，给部属以可信赖感。说理要实在，领导者能否说服部属，关键要看其所说的话是否符合客观实际、是否能把话说到点子上。反馈要实在，有能力解决的要当场拍板，尽快抓好落实，不能解决的要做好解释工作。做人要实在，领导者要厚道一些、朴素一些，如果领导者小肚鸡肠，稍不如意就假以“颜色”，抓辫子整人，部属对你只会敬而远之、怕而避之、恨而忍之，又怎能推心置腹地与你交谈呢?

领导者的“妥协”

在现代社会，多数竞争已不再是“你死我活”，从“地球上抹掉敌人”的情况少之又少。博弈论告诉我们：当人们必须长期共处时，合作和妥协往往是明智的选择。作为领导者，妥协有时是必需的。在领导工作实践中，应该正确地认识妥协，科学地运用妥协，在维护大局、着眼长远利益的前提下，以让步的方式化解矛盾，越过障碍，防止无谓的冲突，避免争执和纠缠，向着既定的目标前进。

该妥协时要妥协

妥协是一种文化或一种文明的表现。中国传统文化中的“和为贵”“中庸之道”“己所不欲，勿施于人”，都包含有妥协的意思。

妥协在领导工作中具有不可避免性。有时，妥协不仅是必要的，而且是必需的。

首先，如果不妥协就会危及组织生存。这方面最耳熟能详的例子莫过于越王勾践卧薪尝胆的故事。从表面上看，勾践示弱是一种妥协，但它却为越国军民积累实力、一雪前耻赢得了时间。

随后的历史证明了这种妥协的可贵。

其次，如果不妥协会危及班子团结。由于思维方式、生活体验以及所处角色、地位的不同，对许多问题，不同的人往往有着不同甚至完全对立的认识，处理不好，很容易影响团结。这里，只要不涉及总体奋斗目标及达到此目标奋斗方式的大问题，只要不涉及整体战略及策略的大问题，只要不涉及原则和立场的大问题，就可采取妥协的态度，求同存异，以免引起纷争，削弱战斗力。

再次，如果不妥协会危及问题的及时解决。工作中有些问题，或由于意见不一，或由于某方面的干扰，往往难以得到及时解决。这时，为防止拖延造成工作的损失，妥协就是至关重要的方法。如果任何时候都不知妥协为何物，许多问题就只能拖着、挂着，妨碍工作的正常进行。

妥协需要有宽广的胸怀和十足的勇气。在一般人看来，妥协如同军事上的退却，总是和失败、怯懦和耻辱联系在一起，来自外界的指责、讥讽、嘲笑，以及由此在内心深处产生的难以言表的痛楚，将给妥协者造成巨大的心理压力。实际上，正确地选择妥协，非但不是什么胆怯逃避，而且是需要极大的勇气的。这种勇气的产生，来自于长远的眼光和博大的胸怀。

妥协不是最终的投降和放弃，而是一种高超艺术的体现。一是妥协和退让是暂时的，不是最终放弃，而是为了最终的获得；二是妥协和退让是手段和方法，不是目的，不是最终结果。当然，妥协也应有“度”，在不该妥协时妥协则是根本性的错误，适度妥协并不是没有原则的妥协，关键是要把握适度。

给人台阶下

俗话说：“领导者只有给别人台阶下，他们也才会有台阶下。”这句话简单明了，却又耐人寻味。在日常工作中，学会让人体面下“台阶”可营造一个美好的空间。成功地运用它，不仅使他人保住了面子，而且会赢得他人的理解和尊敬。

工作中，领导适时地给部属“台阶”下，其实就是给他们留一点“面子”，多一点理解，让他们有适当的“理由”或“借口”迈过那道难堪的坎儿。这样做，不仅能获得部属的好感，而且也有助于树立良好的形象，团结更多的人，建立一支优秀的团队。

其实，给部属一个“台阶”下并不难，只需要领导多做点“换位思考”，适时地站在他们的位置和立场上想一想。大多数情况下，他们出现失误甚至犯下错误的初衷是好的，是从工作利益出发的。日常工作生活中，领导对听不顺耳、想不顺心的一些话，看不顺眼的一些事，要多一些理解和宽容，对部属多一些体谅和关心。给别人一个“台阶”，其实就是给自己一个提升人格魅力、个人威信的“台阶”。

在给别人提供“台阶”下的时候还应特别注意以下三点：一是不动声色。让当事人很体面地下“台阶”，而在场的其他人却又难以觉察，这才是最巧妙的“台阶”。二是恰当运用幽默语言作为“台阶”。一句幽默的话能使对方在欢声笑语中相互谅解，彼此愉悦，这也堪称最轻松的“台阶”。三是给“台阶”再添点儿彩。如果及时为对方挽回面子的同时再增添一些光彩，对方会更加感激，并真正从心底敬佩你。

学会以退为进

善于以退为进，是一种重要的领导策略。在形势不利的情况下，或时机不成熟的时候，采取以退为进的策略尤为必要。退，意味着暂时放弃眼前的一些局部利益，是时机不成熟时作出的一定程度的让步和妥协，其实质或是为了顾全大局、化解矛盾，或是为了等待时机、蓄势待发。不顾客观实际、逞一时之能的匹夫之勇，势必会给事业带来不利后果。

以退为进是有谋略、有计划的积极进取，并不是消极退让和逃避。在特殊情况下，积极的、理性的退让是一种智慧和艺术。只退不进是懦者，只进不退是莽汉。只有进退得当，才能审时度势，控制事物发展的方向。领导者在工作中应该敢于有节制地退让，把握好进与退的尺度，不拿原则做交易。对于一般性的问题，只要能顾全大局，有利于维护安定、团结、和谐、双赢的局面，有利于矛盾的尽快解决，就可适度退让，最终达到以退为进的目的。

与同级相处的艺术

同级之间既是天然的合作者，又是潜在的竞争者。由于各人分管的工作不相同，彼此间生活经历、个性习惯、工作方式方法差异较大，因而在一些问题上难免产生分歧和矛盾。如果处理不当，就易产生隔阂，造成内耗。因此，同级之间必须讲究和谐相处的艺术。

分工不分家

现代管理模式中，对于组织内部的分工已经非常明晰了，同级之间各司其职。有些人认为既然已经分工了，你做好你的事情，我做好我的事情，井水不犯河水。但经过几十年的发展，工作团队已经成为组织的主要运作方式。如何做到分工不分家，也是一个团队组织成员需要解决的观念问题。

同事各有分工，固然应当各司其职。但既然同在一个组织中，也应做到分工不分家，相互支持，竞争而不拆台，创造一种同舟共济的积极关系。以分工为理由相互疏远甚至相互拆台，就得不到对方的尊重和信任。长此以往，隔阂不断加大，误解不断加深，矛盾不断激化，摩擦不断出现，冲突必会发生。其实，分工的前提首先是真诚合作。如果囿于分工而不善合作、不愿合作，就必然会使自己逐步从组织群体中孤立出来，最终成为孤家寡人，一事无成。

分工与协作往往是很难分开的。没有分工，就谈不上协作；反之，没有协作，分工也很难落到实处。因此，当同事在工作中遇到困难或是遭受挫折时，决不能认为与己无关，进而袖手旁观，看其笑话。其实，支持别人的工作，也就等于帮助了自己；不愿帮助别人的人，也就不会得到别人的支持。

同事之间做好分工不分家、成功地协作共事，就要以大局为重，互相尊重、互相支持、互相沟通。

补台不拆台

同事之间要想达到真正的团结，相互之间的“补台”是十分重要的，俗话说得好：“相互补台，好戏连台；相互拆台，大家垮台。”

干工作，每个人都难免有疏漏、出差错。彼此之间相互“补台”，就能够及时弥补疏漏，保证各项工作落到实处。

在现实生活中，有人总爱把别人的差错当笑料，不是积极地帮着“补台”，而是隔岸观火，幸灾乐祸，用这样的态度对待工作和同志，必将对我们的事业造成危害和损失，必须严肃对待，坚决杜绝。

要做好相互“补台”的工作，就要有对工作、对事业高度负责的精神，考虑问题应该从改革、发展、稳定的大局出发，重事业，淡名利；工作中要密切协同，积极配合，不管是谁出现差错和疏漏，大家都主动去纠正，及时去弥补。唯有如此，才能减少事业的损失，促进工作，增进友谊，密切感情。

对工作上互相支持、能力上取长补短的“补台”行为理应充分肯定。对那些工作上互不配合、不团结的“拆台”行为理应严肃批评。但“补台”绝不是毫无主见地盲从，当发现班子决策不完善或同事工作存在失误时，则要大胆提出自己的意见，使决策得到及时修正，使工作不断得到完善；“补台”也不是毫无原则地迁就，对涉及个人利益的小事要讲风格，至于事关大局的原则性问题，就要开展积极的思想斗争，这样的“小拆”是为了更好地“补台”。

求大同存小异

同事相处时，有时由于意见分歧而会产生一些矛盾冲突。在这种情况下，可以采取求大同、存小异的办法，使矛盾冲突得以顺利解决。

求同存异，讲的是不因个别分歧而影响主要方面的求得一致。求同存异，是在相互之间，暂时避开某些分歧点，求得某种共同点，以达到矛盾冲突的逐步解除。心理学研究表明：人和人之间求得某种“认同”，就会相互之间在心理上产生“自己人”效应，在“自己人”效应下，人和人之间的矛盾冲突就较容易得到解除。

在领导班子中，由于成员年龄、阅历、知识结构、思想修养、工作方法、领导才干和领导风格等各方面的不同，对某项工作或某些问题的看法和处理方法自然不尽相同。这就需要成员充分认识和理解彼此之间的这种差异性，并能够在面对具体事务的时候，本着“求同存异”的原则，在充分发表个人意见的基础上，努力寻找解决问题的“共同点”，以“共同点”来统一思想，统一行动。只要大家目标一致、一心为公、言直身正，就不难找到“共同点”。原则性问题达成一致了，其他的“繁枝小叶”也就不难处理了。

当然，“求同存异”，并不是要求每位成员无原则地去苟同，放弃原则去求共识，而是要求大家要理性多于感性，切忌把自己的意志强加于人；要敢于坚持原则、坚持党性。

在同级相处过程中，具体的“求同存异”方法有以下几点：

一是寻求过去交往中的共同点。即使同级领导在工作中发生了某些矛盾冲突，但在以往的交往中总会存在着一些共同点，如共同的兴趣、共同的爱好、共同的观点，甚至友谊感情等。当同级之间产生某种冲突时，善于回忆或寻找以往相互交往中的共同点，可以增强彼此的亲切感，从而淡化相互之间现存的矛盾冲突，以利于矛盾的解决。

二是寻找现实交往中的共同点。如现存的共同利益、共同责任、共同目标等。当领导者寻找到这些共同点之后，就会自然产生一种“顾全大局”的共同愿望，也就会有一种求同存异的宽容态度。在这种心理和态度的作用下，同级领导之间就会淡化冲突意识，使冲突逐渐消除。

三是寻找未来交往中的共同点。在同级交往中，寻找未来交往中的共同点，如未来的共同命运、共同的前途、共同的合作关系等，也会使同级领导之间的矛盾冲突减弱、缓解以至解决。

学会推功揽过

为官从政者，经常面临这样一个问题：当功劳和荣誉到来时，该怎样去对待呢？当矛盾和问题不断出现时，又该怎样去处理呢？有的人表现出来的行为是积极地抢功劳，然后不停地把错误与问题推给别人；有的人面对以上两种情况时，则是推功揽过，将功劳让给别人，将过失让自己承担。表面上看，前一种人“有功无过”，仿佛是一件好事；后一种人“有过无功”，仿佛是无功之人。但从长远的角度来看，前一种人肯定招人嫌弃。后一种人由于谦虚而受人欢迎，终受重用。聪明的领导者应该学会推功揽过。

同级领导或同事之间发生矛盾的一个重要诱因是对待功过问题的态度。有的人自我要求不严，喜欢推过揽功，其他成员当然会对他有意见。因此，同级领导或同事之间要发扬风格，在工作面前抢着干，在荣誉面前相互谦让，要有推功揽过的精神，相互支持、相互合作、相互谅解，这样才能同舟共济、同心同德。

共享利益、不贪功，这是领导者应有的品格。作为领导者，应以高尚的姿态来对待工作和成绩。把困难留给自己，迎难而上；把方便留给别人，对成绩和荣誉，多想到别人，少考虑自己。

推功揽过也最能令下属信服而勤恳工作。但很多领导者却总是顾忌多多。他们的理由是，自己不把功劳归到自己头上，谁又能把功劳归到自己头上呢？自己又拿什么向上级交代和获取信任呢？从而一个劲地把责任往他人身上推。抱这种思想的人，其实是不谙熟推功揽过的要义。

首先，功即是功，过就是过，不论上级还是下级，心里都会有一杆秤的。不会因为自己说了功劳是谁的，过错是谁的，就把功劳和过错真送给人了。所谓“推功揽过”其实只是口头和表面的东西，而事实上功劳和过错该是谁的就是谁的。

其次，推功揽过并不是没有原则、没有限度地乱揽乱推。推功揽过从来都是在自己的职责范围之内和承受度之内的。

推功揽过是集大度、宽容、谦虚、诚恳等诸多高尚品德于一身的行为表现。这种方式总能获取人心、获得支持，让下属愿意为你用心干事，即便是同事也会非常愿意与你协作共事。

如何提升领导力

所谓领导力，是指领导者不凭借组织给予的权力和外在的势力，而能说服并指导下属行动的能力，或者说是能够集聚人们的能力和愿望，以实现共同目标的能力。

新形势下，我国的政治生活已发生了巨大的变化，人们对现存的官僚主义、效率低下等弊端，深恶痛绝。那种依仗组织赋予的权力行事，搞家长制作风的领导，其“市场”逐渐缩小。如此形势下，如何提高领导者的领导能力及艺术，具有重要的意义。

恩威须并施

赏善罚恶、恩威并施，是一种有效的领导控制方法，是一种平衡艺术。对部属只施恩、不施威难免会纵容部属，使其难以驾驭；对部属只施以高压的淫威，只会引起其心理和行动上的对抗，难以取得有效的管理效果。

中国传统认为，好的领导者应该是恩威并济。韩愈所谓“威行如秋，仁行如春”，苏东坡所谓“威与信并行，德与法相济”，都是此意。

“恩”，就是恩德、仁慈；“威”，就是刑威、严厉。在领导活动中，这两个方面都需要，缺一不可。假如只有“威”而没有“恩”，那么，部属的物质需要和精神需要就不会得到满足，就会产生抱怨和离心离德情绪，部属只会表面忠实而内里不服，领导者就难以服众，致使领导活动难以开展。假如只有“恩”而没有“威”，那么部属就会产生骄躁之气，恣意妄为，不把规章制度、管理秩序放在眼里。这样领导者也就失掉权威，致使整个管理陷入混乱之中。受恩者也会对他失去尊敬之心，导致有令不行，这与无恩招怨同样有害。

恩威并施是管理之道。古人说：“恩治者衰，威治者亡，恩威并治者兴。”用现代话来说，恩属德治的范畴，而威则属法治的范畴，两者不可偏废。

现代领导者要掌握好恩威并施的艺术，需要把握好以下几个原则：

善用激励之法，鼓舞士气。常用的激励手段有精神手段和物质手段，其中精神手段更重要。“士为知己者死”反映出了被领导者对领导者的追随关系。如果一个领导者不懂得运用激励之法，则很难使部属与自己团结一心、步调一致。上下同心同德则无往而不胜，上下离心离德则一盘散沙，不攻自破。

善用惩罚之法，掌握火候。一般人的本性，喜欢奖赏，害怕处罚。奖赏是正面强化手段，而惩罚则属于反面强化。必要时，有如诸葛亮般的“挥泪斩马谡”，来不得半点仁慈和宽厚。这是树立领导者权威的必要手段。其实惩罚是一种比较严厉的方法，当部属所犯错误不严重时，还有一些比较温和的“立威”方法，如适时适度发火、善意批评等。

奖赏有度、刚柔相济。“赏不可不平，罚不可不均。”赏罚的关键是：要严明、公正、适度。无论是激励或是惩罚，都必须有一个“度”的问题，否则，物极必反。激励的适度就是要使激励的强度与人才的业绩、贡献相当。惩罚的目的也是为“教导”而惩罚，要重视“惩微”以“杜渐”，尽量少下“猛药”，否则过犹不及。

爱护不袒护

作为领导者，爱护属下是应尽之责。爱护表达宽容，爱护显示激励，爱护创造和谐。每一人都有个性，都有短板。爱护下属，要求领导者懂得知人善用，懂得宽容包涵。对于下属的短板不求全责备，对下属的个性不强求一律，善于通过引导、激励和沟通，引领干部自我醒悟、自我成长、自我管理和自我激励。

正如一枚硬币有正反两面，对下属的管理也同样要求领导者从容有度、宽严相济。列宁说，真理往前一小步，很有可能就变成谬误。不当的爱护有可能蜕化成袒护。

袒护会纵容错误，酿成后患。正如好的习惯可以累积并不断产生递增嬗变效应一样，恶习、缺点和错误也同样具有自我累积、自我生长并不断放大的效应。

怎样爱护下属？在这个问题上，一些领导者还存在着片面乃至错误的做法。

一是重任用，轻管理。往往只重视任用，不注意管理，用管脱节。二是重表扬，轻批评。有的领导干部对下属只习惯于说表扬的话，从来不说批评、刺耳的话。有问题也不指出，有缺点也不提醒，甚至发现思想滑坡也不及时拉一把。三是重照顾，轻约束。有些照顾远远超出正常的原则范围。不管是否违反政策规定，都有求必应，不加约束，只要使下属满意就行，慷的是国家之慨，损的是人民利益。四是重保护，轻惩处。对自己责任范围内的下属，平时疏于教育管理，而当这些人东窗事发、违纪违法时，却以关心爱护下属的面目出现，以种种理由百般说情，加以保护。五是重感情，轻原则。有些人把正常的上下级关系变成庸俗的私人关系，把正常的感情异化为哥们儿义气。对自己的心腹倍加爱护，更有甚者，受共同利益的驱使结为至交，抱成一团，共同违纪违法。

这种爱护下属的方法，其实是误了下属。一名干部在其成长过程中，既有成绩，也有可能出现问题。对其光栽花不挑刺，只表扬不批评，对一些原来思想政治素质不是很过硬的干部只能起负面作用，使他们产生“干什么都对”“干什么领导都支持”的错觉，甚至滑向错误的深渊。

爱护下属正确的做法就是爱护不袒护。

一是加强对下属的教育，以促使他们自觉抵制消极腐败现象的腐蚀，少犯或不犯错误。二是加强管理。严管是爱护，放任是耽误。对下属出现的问题不管不问，则是对其不负责任的表现。三是监督好下属。要使之认识到组织的监督是对他的关心和爱护，是对他的信任与帮助。四是敢于批评下属，对其出现的小毛病，该批评的要批评，不能听之任之。五是严格处理犯错误的下属。这不仅可以使其认识到党纪法规的严肃性，及时引以为戒，防止犯同样的错误，还可以对其他干部进行警示教育。

信任而不放任

领导者与下属是一个密不可分的整体，在工作中应该互相信任。信任是领导对下属品质、能力的肯定，让他按照制定的原则行事。但信任不是放任，信任能把事情做好，放任能把事情毁坏。

信任产生力量，信任激发潜能，信任促进团结。信任就要求领导者，对有能力勇担当的下属敢于给位子、善于压担子、巧于搭台子。让信任助推下属敢闯敢创，实现其人生价值，实现其个人成长与组织发展的协同。

但是这绝不意味着让那些不具备良好品质和突出能力的下属任意而为，以至于破坏组织形象。

放任会产生惰性，降低效率。许多领导者常常会将信任与放任混为一谈。克劳斯·郎弗雷德先生是圣路易斯华盛顿大学组织行为学教授，经过对71个MBA学生自我管理团队的广泛调查和全面评估，他得出一个很有震撼性的结论：充分信任就意味着高度自治，这会造成团队成员间缺乏监督、缺乏竞争、缺乏沟通，从而不利于信息的共享、流程的衔接、协调的有效，最后导致影响个人的工作业绩，也无疑影响团队的成长和公司的发展。

因此，如何做到“信任而不放任”就成为一个不可回避的重要命题。

要做到“信任而不放任”，领导者必须把握好宽严之度。既充分信任又适当授权，既充分爱护又随时监督，既宽容失败又随时指出错误，既容忍个性又有效沟通。对成绩及时鼓励，对失误宽容帮助，对错误严厉批评，对犯罪决不手软。

要做到“信任而不放任”，需防止疏漏工作环节。做到这一点必须严格执行对工作的指示，例如工作的截止日期、领导者所要求报告的形式与次数等，要巨细无遗地指示下属完成工作的重点与应注意的事项。希望下属能遵守的指示也必须要明确。

要做到“信任而不放任”，切忌不管不问。要经常留意下属的工作状态，反复给他们以必要的指导。就像风筝一样，可以让其在空中任意飞翔，但是不能断开那根与领导联系的线。

如何讲好应酬话

领导者公务往来需要讲礼貌、懂礼节，更需要掌握较高的语言表达技巧。从某种意义上说，应酬话的优劣是应酬成败的关键性因素，万万疏忽不得。所以，领导者应该学会讲好应酬话。

领导者讲好应酬话的基本要求是：措辞要得当，话语要文明，方式要讲究，语气要谦和。说话时要处处显示出尊重对方的诚意，做到“三不说”“三不用”：容易挫伤对方感情的话不说，对方不爱听的话不说，对方一时难以接受的话不说；不使用反诘句，不使用冷淡和傲慢的语调，不使用带有讽刺意味的语言。这样，才能在应酬中显示出领导者较高的文化素养和层次品位。一般来说，领导者在应酬话的运用上，应当把握好如下原则。

一是客气而不俗气。人际交往应酬中的第一印象极为重要。很多善于应酬的人都知道，能不能给对方一个良好的第一印象，关键在于是否善于使用适宜、得体的应酬语言。现实生活中应酬语言的使用往往呈现两种极端：一种是语言生硬，缺乏热情；另一种是过分热情，俗不可耐。以上两种皆不可取。在领导者的接待应酬中，对于同级、下级来访者，往往容易犯语言生硬的毛病，而对于上级和外地来客，又常常容易犯过分热情的毛病，这些都需要有针对性地加以克服。适宜、得体的应酬语言应当是柔和、亲切，不虚假、不俗气，要让人感到你是在真诚地欢迎他，而不是冷落或者刻意地应付他。

二是恭维而不虚伪。一般人总喜欢别人恭维自己，有时即使明明知道别人是在说一些言过其实的奉承话，心里也还是乐滋滋的，感到舒服。有些会应酬的人抓住一般人的这种心理特点，说一些得体的奉承话，常常会博得对方的好感，从而达到让对方帮助自己的目的。可见，在应酬中适当地说一些恭维话、奉承语、赞美词是必要的，领导者不能简单地将此视为客套、虚伪，不能认为是不严肃、丢身份。至于应酬话是否虚伪，关键不在于是否说了几句好听的话，而要看你是怎样说的。另外，要注意恭维、奉承也必须有度。在奉承别人之前，要考虑对方的身份和层次，看其究竟需要何种赞美。要使对方从应酬话中感到你善解人意、会说话，而不能让人一听就感到浑身肉麻，认为你是专靠吹吹拍拍混日子的虚伪之人。

三是委婉而不唐突。领导者在应酬中需要一点拐弯抹角的委婉艺术，需要一些寒暄的语言，不宜直来直去。比如，你是一位领导班子成员，分管某一方面的工作，因解决某个问题需要别的领导所分管的部门负责人来汇报，而眼下与那位分管领导又来不及联系，那你在电话里对这位部门负责人就可以这样说："上级需要某方面的情况，我又来不及找某某领导协商，请你亲自来谈谈情况好吗?"对方肯定会热情地答应。但如果换成命令式语言："你马上来向我汇报一下你们的工作!"对方就可能不买你的账，回答说："我有点急事要出去，让某某去向你谈吧。"给你一个软钉子。可见，应酬中的委婉、商洽是十分必要的。对待同级领导和比自己年长的同志尤其要注意使用商洽的口吻说话，否则就容易造成某种误会。当然，委婉也要有度。对于说话喜欢直来直去的领导或同事，就不宜老是委婉迂回，以免别人认为你是在斗心眼、打官腔、不交心。如果不分场合、不看对象和时间，一味在那里兜圈子、绕弯弯，就会让对方心里感到腻烦。

四是热情而不失态。交往应酬中必须热情待人，不能态度冷淡，不能像召开重要会议那样一脸正经，让人误以为你对他不欢迎。应酬的热情不仅表现在语言中，而且表现在行动中。在应酬时，坐要有坐相，站要有站相，走要讲走姿，什么时候该握手、该点头，什么时候该摆手、该起身，都应恰到好处。要有意识地控制自己，做到既不失礼又不失态。比如，交谈中适当做手势，可以显示自己的热情，给人以亲切感，但动作不宜过大，不要手舞足蹈，让人感到不稳重，更不能拉拉扯扯、拍拍打打，显得不尊重对方。

领导者的变通适应

变通适应，指面对新事物和新现象，能格物致新，从而采用相应对策，妥善处理。变通适应不是无原则的圆滑世故和政客伎俩，而应该是建立在科学判断基础上的原则性和灵活性的统一。领导者应当知变、适变和善变，对身边的事物有强烈的敏感性、前瞻性。古语说，“伸缩进退变化，圣人之道也”。纵观古今历史，大凡在事业上有所成就的人，必定是善于顺时驭势者，绝不是一成不变，墨守成规。

贵在知变

孙中山先生说：“世界潮流，浩浩荡荡，顺之者昌，逆之者亡。”通俗地说，就是在沧海横流当中，要求领导者“知变”，跟上时代的步伐，与时俱进。

“知变”，就要冷静思考，不被表面现象所迷惑，以客观的心态分析周围环境。战国时期李冰父子被委任主持都江堰工程后，并不急于开工，而是先实地考察，寻访有经验的治水农民，经过三年时间，才绘制出水系图谱，精心设计了“顺变”的治水方案，顺其水势，使这座治水丰碑两千年后仍发挥作用。

“知变”，就要自我反省、不懈求知。严格的自我解剖是人不断求得进步的重要条件。“吾日三省吾身”，领导者在公道正派处事、求真务实干事方面，经常自我解剖，才能做好本职工作。

“知变”，就要敢于“雕琢”。领导者要有敢于接受“雕琢”的勇气，敢于正视自身存在的不足，敢于接受别人的批评，做到言之有理、言之有情、言之有据、言之有度，有理有据讲政策，心平气和说服人。

“知变”，要有创新思维能力。领导者要自觉更新观念，不仅对新事物、新观点能够接受和认同，而且还要转变观念模式和思维方式。没有思维模式上的破旧立新，就很难成为适应时代发展的领导者。

古人说“达治知变”，就是了解事物的变化，进而制定政策，达到治理的目的。如诸葛亮采取“西和诸戎，南抚夷越”的民族政策，南征时对当地少数民族“攻心为上”；南中平定后，实施“要荒之俗不与华同”较为宽松的方针，使南中地区在蜀汉时远比东汉后期稳定，经济发展较快。

“知己知彼，百战不殆”的本质含义是“知变”。领导者知变，如同“审堂下之阴，可知日月之行；见瓶水之冰，而知天下之寒”，最后获得通达之策，于变中求其成。反之，则如同歌者不知音调的起承婉转，如同楚人刻舟求剑，不是闹笑话，就是落得惨淡收场。

善于随机应变

随机应变，是指随着时机或情况的变化灵活应付。人都处在一个变化的环境中，几乎没有一成不变的事物，军事、政治、外交、商战，还有为人处世等，无一不需要运用超强的“变”术，解自己所困，应对手之变，不能以不变的眼光和办法来观察和处理问题。

一个精明能干的领导者，必须善于随机应变。只有善于应变，才能临危不乱，处变不惊，掌握工作的主动权。韩信攻赵，改兵法“背山临水”为“置之死地而后生”，而大破赵军，为后人所称道。

领导者处事时，须随着实际情况和时机的变化而变通，不可千篇一律，拘泥不变。《三国演义》中，刘备寄居曹操篱下韬光养晦，一次两人青梅煮酒论英雄，被曹操一语道破“英雄”的真面目，因惊慌失箸，幸好借雷声巧妙掩饰而过；曹操刺董卓，顺势献刀；马踏农田，割发代首等，无不闪烁着随机应变的才能。

应变，没有统一的模式可循，没有固定的规律可依。“随机”之“机”是多种多样的：有天时、有地利、有人、有事、有情、有态……“应变”的“变”同样千姿百态：可以将错就错，可以变换角度，可以幽默解围，可以模糊应对，可以顺水推舟，可以置之不理……不变的是，都需要敏捷而灵活的反应，都需要急中生智和临场发挥。

随机应变的诀窍是审时度势，不死板而心中有数，了解实际情况和时机，调动人而不被人所调动。应变的艺术，来自一个领导者广博的知识、卓越的见识、乐观的个性、非凡的性格、长期的实践锻炼。所以，随机应变不是小聪明而是大智慧。

1973 年，中共十大闭幕时，全体代表起立鼓掌欢送毛泽东离席，但年迈的毛泽东因腿疾无法站立，旁边的周恩来见状机智地宣布："毛主席要目送大家离开会场。"毛泽东说："你们不走，我也不走!"代表们这才依依不舍地一边回望毛泽东，一边往外走。逸事中，周恩来这位千锤百炼的智者仁者，应变起来从容不迫。

作为领导者，随机应变，能化"危"为"机"，化干戈为玉帛，变被动为主动，处尴尬却轻松，变窘迫为自如。这种随机应变的领导力，是一名成功领导者能展示出的最重要素质。因此，聪明的领导者在平时要充当守望者，像一只机警的猎犬，当遭遇危机时，才能够把握住机会，化险为夷。

当然，应变并不是无原则的圆滑变通，而是有原则的灵活机动。无原则的圆滑变通是见风使舵，是滥用职权，是不负责任，是损人利己的行为。

不妨入乡随俗

入乡随俗，最早见于《礼记·曲礼上》："入境而问禁，入国而问俗，入门而问讳。"意思是，到一个新的国家要了解那里有什么禁令，以免触犯；到一个新的地方打听一下有什么风俗习惯，以便适应；到别人家里要问问有什么忌讳，免得闹出不愉快。

这是社交礼仪的基本原则之一，也是领导者调节人际关系的妙方。领导者经常体察民情，为了尊重他人、与当地人士和睦相处，也不妨遵循这一箴言——"入其俗，从其令"。媒体经常报道领导人走访群众家庭，嘘寒问暖，反映出平易近人的品质，践行了群众路线的传统。这与领导者因地制宜、入乡随俗的群众语言风格分不开。如果一口官腔，放不下官架子，难免使群众产生排斥心理，起不到体察民情的效果。

入乡随俗，要学会放宽胸怀，采取开放和吸收的态度，接受先进的新鲜事物。领导者的随俗与随和，通常会留给当地群众深刻印象。尊重对方，才容易打成一片。

当然，入乡随俗，重在随俗，而随俗又必先知俗。到了某个陌生的地方，总有一些不成文的规矩、习俗或准则，基于对他人的尊重，而不能不注意与遵守。例如，在异地认识新朋友，就必须做到“随俗”，学一些简单的当地语言，学会品尝当地的美食，学会尊敬当地的礼节。这些，看似无足轻重、无关大局，但对于领导者的工作却至关重要。

入乡随俗是领导者办事、做人遵循的规则，一般情况下，遵照去做能够受益。然而，有时候要随的“俗”有违时代精神，不合法制规范，属于“恶俗”之类，“随”了则要出毛病，甚至带来种种麻烦。这样的“俗”，是千万“随”不得的。

努力提高适应能力

一般说来，适应能力越强，在不同环境中生存发展的可能性越大，甚至在逆境中也能增长才干，创造奇迹，成为大有作为的人。从一定意义上说，适应性也是现代领导者的一种必备的素质。

战国时期的吕不韦从地位低下的商贾，出将入相，晚年所作的《吕氏春秋》中有“察今”一章，道出其成功的秘诀——顺应时势；汉末的刘备在长坂坡遭逢惨败，巧摔阿斗，赢得赵云死心塌地效命。成熟的领导者，往往能顺应客观，顺应民意，从而顺应己心，因势利导而驾驭时势。不成熟的领导者，往往不能控制自己的情感和行为，遇到刺激，易于激动，好意气用事，不顾后果。

要善于与新环境接轨。在新环境中，一个理想的领导者要主动地、策略地、乐观地、自觉地去驾驭现实环境中所遇到的矛盾，并制定合理的方针、策略。不断随环境调整自己的期望值，发挥能动性，同时有深入透彻的洞察力、果敢敏捷的行动，处理问题时，具有潜移默化的影响力。只有能适应环境，才能镇定自若、挥洒自如。

作为领导者，更应具备审时度势、驾驭时势的能力。俗话说“识时务者为俊杰”。把握了时势，也就把握了自己的人生，把握了成功的方向盘。

一个成熟的领导者，还要学会顺应民意，顺应社会。领导者与社会环境的关系要协调。“唯我独尊”或“谄上欺下”抑或“抗上亲下”都不足取。领导者不妨暂时忘掉自己的地位，自觉磨炼。

一个成熟的领导者，还要学会淡然适然。“牢骚太盛防肠断，风物长宜放眼量。”领导者只有谨言慎行、忍让克己、宽厚和善、身先士卒，才能以德服人，成就事业。

场面话，听听而已

从政是个人报效国家、实现人生理想的一个重要途径，是许多人向往的一项光荣职业。但是，从政不仅是一项严肃的工作，同时也是一门艺术。事实告诉人们，并不是每个人都适合从政。因为从政需要具备一些前提条件，不仅要有政治操守，还要有管理能力和从政技巧，同时，机遇也不可或缺。

领导者只有刚柔相济、软硬兼施、胆大心细才能统驭有力、令人敬畏。刚与柔、张与弛、软与硬、宽与严，是相辅相成的两个方面，是治理一个地方、驾驭下级的根本方法，也是事物波浪式发展、螺旋式上升的基本规律。对人要多用柔，少用刚；外用柔，内用刚。当然不能把“刚”变成冷淡、傲慢、对立、敌意；也不能把“柔”变成软弱、卑下、迟疑、阴沉。作为领导者，既要保持尊严，又要与下级通过长期交往保持良好的人际关系。张与弛、刚与柔二者并举则治，重一轻一则乱；交替使用则治，长守其一则乱。

一般意义的刚与柔，领导者是能够把握的。但对如何辨别是“尊敬”还是“精神贿赂”，面对那些场面上的话，则容易使人丧失警觉和上当受骗。

所谓“精神贿赂”，是指一些厚颜无耻、心术不正、动机不良之徒，为迎合领导、讨得欢心、求得好感而使用的伎俩。也就是人们通常所说的拍马屁、抬轿子、戴高帽等。谄媚、阿谀奉承、溜须拍马、自我贬损、巴结讨好都属“精神贿赂”。“精神贿赂”比物质贿赂更具有隐蔽性和欺骗性，善用“精神贿赂”者抓住了人们爱听好话、喜欢听顺耳话的弱点，察言观色、揣摩心理、百般迎合、把握机会，用三寸不烂之舌，大献溜须之词，不失时机地“发射”出“糖衣炮弹”，以取悦、攀附领导，达到自己的目的。“精神贿赂”往往就像吸食鸦片，每次吸食时给人一种短暂的飘飘欲仙的快感，而一旦沾染就让人上瘾而无法摆脱，进而损伤人的健康、摧毁人的意志，让人在忘乎所以间头脑发热，在飘飘然、昏昏然中上当受骗，从而做错事、做傻事，最终为谄媚者所坑害。

所谓“场面上的话”，是指领导出席各种场合时，人们所说的客套话、夸奖的话、奉承的话、巴结的话。一个领导干部如果陶醉于听场面上的话，一旦失去了对自己的正确评价，就会一叶障目，丧失对自己的正确认识，片面地看待自己，只看到自己优势或长处，而看不到缺点和问题所在；就很难再接受别人的意见，而自以为别人是同意自己的说法；就总认为自己想的、说的、做的都是完全正确的，听不得不同意见，更听不得批评的话语；就会喜欢下属依附自己，阿谀奉承自己，绝对服从自己，永远生活在没有批评和建议的自我陶醉之中，逐渐地从一个聪明人变成一个狂人，由狂人变成盲人、聋人，最后变成一个愚人。

领导者要防范别人的媚言媚行，就必须明是非、辨真伪，要多听谔谔之言，少听溢美之词，尤其是对那些怀有某种目的的奉承、吹捧和赞美之词，更要保持警惕，拒绝和抵挡各种“精神贿赂”，在自己的心中筑起一道防范“糖衣炮弹”的屏蔽墙，时刻保持人格的独立和头脑的清醒。因此，领导者对场面上的话，最好的态度是听听而已，转过身后赶快忘记。

后　记

“人生百年内，疾速如过隙”。在人类历史的长河中，人的生命是短暂坎坷的，并且是一条没有回程的单行线。然而，人生的价值，不在于长度，而在于宽度和深度；不在于索取，而在于奉献；不在于永不失败，而在于屡扑屡起。实现人生的价值，需要“正能量”的支撑。“正能量”是人自信、豁达、愉悦、进取等正面情绪的集合，它可以激发人性的优点，给人向上的信心和希望，让人以积极的心态面对苦难和挫折，鼓舞人不懈地追求内心充实和幸福，促进人的自我完善和提升。

三十多年来，笔者一直在不断地思考如何激发正能量、实现人生价值，并将所思所感形成了一系列短文，现集结成书，取名为《人生正能量》。希望此书能够给读者带来些许有益的启发和思考，从而成就事业，成就人生。

该书在编辑出版过程中，得到了党建读物出版社的大力支持，在此表示感谢。书中观点仅代表一家之言，不足之处敬请批评指正。

晓　山

2015 年 4 月于北京